事例に学ぶ
行政事件訴訟入門
【第2版】
紛争解決の思考と実務

弁護士 **野村　創** ［著］

発行　🌐 民事法研究会

<h1 style="text-align:center">第2版はしがき</h1>

　初版を上梓してから早いもので約10年が過ぎ去りました。この間、ずいぶん世の中も変わりましたが、逆にほとんど変わっていないこともあります。

　変わっていない点としては、行政事件訴訟の件数でしょうか。詳しくは第1編第1章をご覧いただければと思いますが、横ばいか、せいぜいが微増という状態のまま推移し続け、活性化しているとはいえません。適正な行政運営がなされていることの結果であればそれはそれで喜ばしいのですが……。

　変わった点は、あまたの行政実定法が改正され続けていることでしょう。なかでも大きな改正としては、平成26年の行政不服審査法の全面改正があります。この改正を踏まえて、第2版では、初版の不服申立てに関する記載を改訂しました。改正の概要については、第1編第4章をご覧いただければと思います。

　個別実定法の改正として、墓埋法の改正があり、初版の第2編第5章で書いた墓地経営許可と分権条例（筆者の造語です）の問題点（分権条例により都道府県知事の権限が市町村長に委譲される結果、法が予想しない参入規制が生じてしまうのではないか？と筆者が考えていたこと）がほぼ立法的に解決されてしまい（市長を許可権者とする法改正がされました）、意味がなくなりました。そこで、筆者が認容判決をもらったこともあり、遺族年金不支給決定取消訴訟を取り上げ、新たに書き下ろしました。

　農地法も諸々改正されました。第2編第2章は、初版当時とは適用される法条が大きく変わっています。現行法に依拠すると全面的な書き直しが必要となってしまいますが、ここでのメインテーマである第三者機関を経由する申請の不作為に対する問題解決の思考プロセスとしては、旧法でも現行法でも何ら変わりがないことから、初版のままとしつつ、改正点を脚注に入れる形をとりました。

　初版から引き続き本書のコンセプトは、具体的なイメージを想起してもら

うことと、思考プロセスを学んでもらうことにあります。本書がその一助になれば筆者としては、望外の喜びです。

　末筆ながら、本書の改訂をすすめていただいた、民事法研究会の竹島雅人氏、本書の作図作業等を手伝っていただいた加島智子氏にもこの場を借りて厚く御礼を申し上げます。

　令和2年12月吉日

弁護士　野　村　　創

は し が き

　行政法をある程度修得した弁護士にとっても、許認可にまつわる相談を受け、その事件処理となると一種の困惑をおぼえる。

　行政実定法の解釈自体はそう難しくない。法曹資格を有する者であれば、ひととおりの対応はできる。訴訟となったとしても、訴訟手続自体は、慣れている民事訴訟手続と変わるところはない。

　何が難しいかといえば、取消訴訟の排他的管轄の桎梏から、もれなく訴訟が提起できるシステムとなっていないことにある。それに輪を掛けて、行政主体自体が「処分」を回避する各種行政手法を駆使し、訴訟の帰属点を与えていない。これに対応するため、どのような訴訟類型により、どのように争えばよいのか、その方法論の取捨選択を相当程度吟味しなければならない。ここが行政事件訴訟の難しさの一因である。

　行政事件訴訟の審理自体を相撲にたとえれば、相撲のとり方はわかる。勝敗もわかる。しかし、どうすれば土俵に上がれるのか、土俵への上がり方がよくわからないという状態である。

　本書は、土俵への上がり方の方法論、思考プロセスを示し、これから行政事件訴訟に挑もうとするロースクール生、司法修習生そして弁護士の一助になればとの思いから執筆に至ったものである。

　本書では、第2編で具体的事案を基に、事件相談から訴訟の終了までを弁護士の視点からドキュメント形式で記述している。弁護士の思考プロセスをたどることにより、具体的事案からの問題点抽出、訴訟戦略の組立方法等の参考になればと思う。なお、思考プロセスが時系列に従っているため重要事項の解説が章の後半になされている箇所があることに留意されたい。また第1編では、第2編の具体的事案から帰納される行政事件訴訟の要点ともいうべき事項を概説的にまとめて総論としている。

　第1編の「概念」から第2編の「具体」へ、あるいは逆に第2編の「具

体」から第1編の「概念」へ、本書を縦横に活用していただければ幸いである。

　末筆ではあるが、本書の出版に際し、執筆をすすめていただいた、民事法研究会の安倍雄一氏、本書の作図作業等を手伝っていただいた森下陽平氏にもこの場を借りて厚く御礼申し上げたい。

　平成23年5月

野 村　　創

『事例に学ぶ行政事件訴訟入門〔第2版〕』

目　　　　　次

第1編　行政事件訴訟のポイント

第2章　許可申請不受理不作為の違法確認訴訟

凡　例

〈法令等略語表〉

行訴	行政事件訴訟法
行審	行政不服審査法
行手	行政手続法
自治	地方自治法
民訴	民事訴訟法
廃掃	廃棄物の処理及び清掃に関する法律
農地	農地法
農振	農業振興地域の整備に関する法律
建設業	建設業法

〈判例集・定期刊行物略称表記〉

民集	最高裁判所（大審院）民事判例集
行裁集	行政事件裁判例集
高民集	高等裁判所民事判例集
裁判集民	最高裁判所裁判集民事
判時	判例時報
判タ	判例タイムズ
判自	判例地方自治
重判解	重要判例解説
民訴百選	民事訴訟法判例百選
行政百選	行政判例百選

第1編 行政事件訴訟の ポイント

救済が十分とはいえない（発展可能性がある）

I
行政事件訴訟の現状――年間4000件の意味

　最高裁判所の司法統計によれば、平成30年における全国地方裁判所の行政全事件の新受件数は、4065件。第1審の新受件数に限定すれば、1892件である。

　参考として、平成30年の民事地方裁判所の新受件数は58万8921件、うち、通常訴訟事件は13万8444件、民事執行事件は14万1774件、破産事件は8万0012件である。グラフにすれば〔図1〕のとおりである。

〔図1〕　全国地方裁判所の新受件数（平成30年）

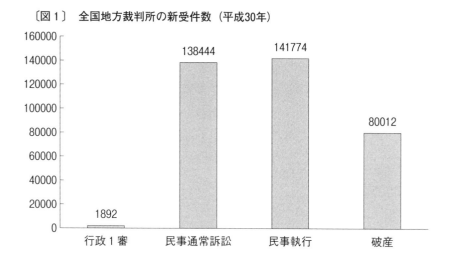

　グラフにすると視覚的に明瞭であるが、一般民事事件に比して、行政事件
訴訟法事件は圧倒的に少ない。事件数にして２桁の違いがある。

　・１審民事通常訴訟の新受件数　年間　　13万8444件

　・１審行政事件訴訟の新受件数　年間　　　　1892件

である。〔図１〕のグラフは、民事事件のみを比較対象としたが、その他の
事件として、家事事件（平成30年総新受件数106万6633件）、刑事事件（平成30
年地方裁判所１審新受件数６万9027件）も訴訟（家事審判・調停）事件としては
存在する。現行司法試験の必修論文試験科目である民事系科目、刑事系科目
および公法系科目という３本柱を考えれば、行政事件訴訟は、その３本柱の
１本であるにもかかわらず、事件数は、民事系、刑事系の２桁以下の事件数
しかない。民事、刑事が数十万件の単位であるのに対し、行政事件訴訟は、
千件の単位でしかない。

　逆にいえば、本来的には、訴訟により救済可能な暗数が相当数放置されて
いるともいえ、訴訟件数を千の単位を万、十万の単位に発展させうる潜在的
可能性がある。

　これに対して、「いや、行政事件訴訟の数が少ないのは、行政が適切な運
営を行っているから、おかしいところはない」との反論も考えられるかもし
れないが、それは、刑事公判請求事件の有罪率が99.9％を超えていることか
ら、起訴された被告人は、有罪である、というのに等しい議論であろう。有
罪率99.9％の背後には、不起訴または起訴猶予となり公判請求されなかった
がゆえに、有罪率に反映されなかった多数の暗数が内包されている。同様に、
行政事件訴訟においても、行政の適法適正な運営がなされているがゆえに紛
争（訴訟）に至っていないとみるべきではない。現在本邦には、約8000本以
上の有効法令（法律、制令および省令）が存在し、各地方公共団体は、これ
に匹敵するか数倍する条例、施行細則等の規則を制定している。これら法令
および条例等の90％以上は、いわゆる講学上の行政法であり、自動車運転免
許をはじめとする各種許認可、許認可の変更許可、行政計画の策定、行政指

導または行政調査の実施が行われている。これらの行政作用、そのうち純粋な行政行為（行政処分）に限っても、おそらく年間100万件台のオーダーに達するものと思われる。その99％が適正に行われていると善解しても、統計的にみて１％には何らかの問題が含まれていると考えられる。少なくとも処分を受ける私人には、腑に落ちない点、納得いかない点があると考えてもおかしくはない。そうであれば、少なくとも100万件の１％である最低１万件からの行政事件訴訟の新受件数が存在してもおかしくない。しかし現実には2000件程度にとどまっている。

　行政事件訴訟が活性化しているとはいえない。そこには、本来救済されるべき相当の暗数が何ら手をつけられないまま放置されている。法律家は、その救済にあたらなければならない。

　何もこれは筆者の独善的見解でもない。平成16年に行政事件訴訟法が改正されたが、その一番の目的は、「国民がより利用しやすい司法の実現」にあり、根底にある問題意識は、行政事件訴訟の件数の少なさ、機能不全に陥っているという問題意識にあったのである（橋本博之『解説　改正行政事件訴訟法』２頁）。

　それでは、平成16年の行政事件訴訟法の改正により、行政事件訴訟法の活性化が図られ、件数は増加したのであろうか。

　〔図２〕は、平成15年の１審新受件数を100とした場合の、１審民事通常事件と１審行政事件訴訟の伸び率のグラフである。

　民事事件は、いわゆる過払いバブルにより平成21年にピークを迎えるが、その後は漸減傾向にある。

　一方、行政事件訴訟は、改正行政事件訴訟法が施行された平成15年から平成17年にかけては、ほぼ増加はせず、横ばいである。改正により劇的に事件数が増えたという傾向はない。その後増減を繰り返しているが、直近（平成30年）では、平成15年のレベルとほぼ同程度となっている。改正により飛躍的に事件件数が増加したという状況にはない。

〔図2〕　１審民事通常事件と１審行政事件訴訟の伸び率

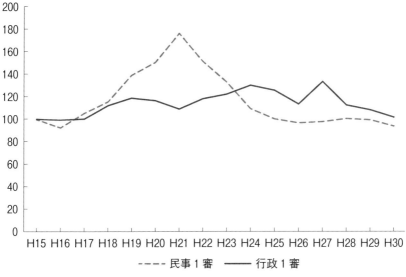

（注）　平成15年の１審新受件を100としている。

　時的変化からみても、行政事件訴訟は微増しているものの、潜在的事件暗数を考えた場合、活性化しているとはいいがたい状況が続いている。

Ⅱ
事件数が少ないことの原因

　繰り返しとなるが、年間100万件近い行政行為（行政処分）が行われていると仮定して（行政事件訴訟は行政処分のみを対象とするものではないが）、そこに法律問題が発生しないはずがない。筆者の弁護士としての狭い視野ではあるが、法律相談を受けていると「それは行政の対応がおかしい」、「法解釈が間違っている」、「裁量権の濫用ではないか」と考えられる事例にたびたび出会う。実体験として、訴訟提起し、当該実定法の解釈なりを確定させたほうがよいと感じる案件は相当数ある（それらをすべて訴訟という形式で解決す

るかは、クライアントの意向もあり、また別の問題であるが）。

　行政事件訴訟に発展する、発展させるべき意義のある事件は、山のように静かに眠っている。

　それにもかかわらず、また弁護士が増員されているにもかかわらず、行政事件訴訟の事件数が劇的に増えたという話も聞かない。

　その原因はさまざまな要因が絡んでおり一義的に結論を出すことはできないであろうが、1つの要因として、行政事件訴訟という、民事訴訟、刑事訴訟に比べてあまりポピュラーではない訴訟手続に、弁護士が敬遠感をもっていることもあげられるのではなかろうか。

　行政事件訴訟は、決して特殊な訴訟ではない。

　審理手続自体は、民事訴訟と変わりがない（行訴7条）。入口（訴訟手段の選択）さえ間違えなければ、後は普通の民事訴訟と変わりはなく、弁護士であれば誰でもできる。

　入口の問題は、本書で重点的に論じてある。

　怯むことなく、研鑽を積み、行政事件訴訟に立ち向かっていただきたい。

III
行政事件訴訟の醍醐味

　行政事件訴訟は面白いと素朴に感じる。

　何を面白いと思うかは、各人によってまちまちであろうが、筆者が面白いと思う理由は以下のとおりである。

1　公権力の違法性を是正する訴訟であること

　抗告訴訟も当事者訴訟も主観訴訟であることは間違いないが（行訴10条等）、機能として、違法な公権力の行使を是正する面があることは間違いない。

　公権力の行使に対する私人の権利擁護という観点は、刑事訴訟と同じである。そして、刑事訴訟で無罪を獲得するより行政事件訴訟で勝訴判決を得る

ほうが容易である。

　在野法曹たる弁護士にとって、これほどやりがいのあることはない。

2　新しい判例、解釈論をつくることができる

　訴訟件数が少ないため、未解決の論点はおろか、論じられたことすらない論点まで山のように埋もれている。

　画期的な判決や解釈論を打ち立てる余地が大いにある。判例百選に掲載されるような判決をつくり出すことも他の法分野に比較して容易である。

3　利害調整を考える必要がない

　民事訴訟であれば、妥当な紛争解決のため当事者間の利害調整を考え和解すべきか否か等と、頭を悩ますことが多いが、行政事件訴訟には、その点の悩みがないか、極めて少ない。

　処分取消しの訴えであれば、処分が適法か違法かでしかなく、違法事由の主張と立証に邁進すればよい。

4　積極的、攻撃的である

　私人からの依頼を受ける限りにおいては、ほぼ常に原告の立場で訴訟行為を行うポジションにあり、ポジティブ（積極的）であり、オフェンシブ（攻撃的）である。

第2章 処分の重要性

I
抗告訴訟の特質

　行政事件訴訟は、行政処分（講学上の行政行為）を中心に組み立てられている。

　抗告訴訟である以下の6種の訴訟は、すべて処分性を前提としている。

① 　処分の取消しの訴え

② 　裁決の取消しの訴え

③ 　無効等確認の訴え

④ 　不作為の違法確認の訴え

⑤ 　義務付けの訴え

⑥ 　差止めの訴え

　比喩的にいえば、抗告訴訟、とりわけ処分取消しの訴えは、訴権（Actio）であると考えると公定力（排他的管轄）の理解が早い。

　民法における詐害行為取消権は、裁判所に請求することでしかその権利行使をできない（民法424条1項）。典型的な訴権である。別件訴訟において（例として物の引渡請求訴訟）、詐害行為取消権を請求原因とし、あるいは抗弁等の攻撃防御方法とすることはできない。

　同様に、ある行政処分が違法であり効力がないことを別件の訴訟で主張することはできない。それを主張するためには、処分取消しの訴えという訴権

を通じ、当該処分を取り消し、効力を消しておかなければならない。それまでは、その行政処分は、一応有効なものとされるのである。ただ、あまりにも出鱈目な（重大かつ明白な違法性がある）行政行為にまでそのような手続を求めるのは酷にすぎるので、無効な行政行為という概念を認めた。これが公定力（排他的管轄）の意味である。

　*Case*③（第2編第3章）「違法性の承継」とは、この「訴権」の問題を含んでいる。

　*Case*③は、農振除外→農転許可という手続的な論理関係があるが、農振除外に処分性が認められ、公定力（排他的管轄）が認められるとすれば、後続の農転許可拒否処分取消しの訴えの審理において、農振除外の違法性を主張することは許されなくなる。まず農振除外の拒否処分を処分取消しの訴えで取り消し、しかる後に、農転許可の拒否処分を争わねばならなくなる（その場合には農転許可が下りないことはないと思われるが）。これが公定力（排他的管轄）が実務的に問題となる1つのケースである。

Ⅱ
取消訴訟における排他的管轄の重要性

　行政処分や公定力（排他的管轄）の概念などは基礎的な知識であるのに、なぜしつこく強調するかといえば、実務において、単体の、単独の処分のみが争いとなる事例は少なく、大多数の紛争事例は、*Case*③（第2編第3章）のように、複数の処分が重層的に絡み合う形で現れるためである。ここで、そもそも事例に現れる行政の行為、作用が処分なのかどうか、複数の処分間の論理関係、複数の処分における中核的処分は何か、を読み間違えると、無意味、無駄な訴訟を提起するミスを犯すこととなる。

　これが単なる二度手間で済むならばまだよいが、処分取消しの訴えには出訴期間の定めがあり、これが経過していれば不可争力によりもはや当該処分を取り消すことは不可能となり、致命的なミスを招くこととなる。

事例を検討するにあたっては、

① 　行政の行為・作用が処分か

② 　複数の処分間の論理関係

③ 　複数の処分における中核的処分は何か

を常に念頭におき、その把握に努めることが重要である。

Ⅲ
不作為違法確認の訴えの処分性

不作為の違法確認の訴えにおいても当然に処分性が求められている。実質的確認訴訟としての確認訴訟と混同しやすいが、不作為の違法確認の訴えは、抗告訴訟であり、要件事実的に記載すれば、

① 　法令に基づく申請の存在

② 　相当の期間の経過

③ 　②の期間内に①に対する処分または裁決をすべきであるにもかかわらず、行政庁がこれをしないこと（正当化事由が抗弁となる）。

である（行訴3条5項）。

あくまで対象は、法令に基づく申請に対する処分または裁決である。

なお、「相当の期間」の考え方であるが、行政手続法6条に定める、標準処理期間の経過が1つのメルクマールとなる。

Ⅳ
無効等確認の訴えの留意点

無効等確認の訴えは、あくまで無効「等」確認訴訟であり、有効確認訴訟や不存在確認訴訟等の訴えも許される。ただしこの類型も、対象はあくまで処分または裁決である（行訴3条4項）。**Case**①（第2編第1章）のように、行政契約の無効確認訴訟を提起する場合は、実質的当事者訴訟としての無効確認訴訟（同法4条）を提起することになる。

第**3**章

処分がない場合

Ⅰ
処分がない・処分性を認めがたい場合とは

　処分がない、あるいは処分性を認めがたい事例に遭遇することも多い。む
しろそのようなケースのほうが明確に処分を争うケースよりも多く、また行
政事件訴訟による救済の網目からこぼれて、潜在化しているように感じる。
　処分がない、あるいは処分性を認めがたい場合とは次のようなケースであ
る。

①　**Case**①（第2編第1章）は、行政契約の効力を争うものであり、処
　　分とは認められない。

②　**Case**②（第2編第2章）は、経由機関という許可権限を有しない行
　　政機関の行為であり、そこだけ切り出せば処分とはいえない（権限なき
　　者の行為）。

③　同じく**Case**②（第2編第2章）では、申請を受理しない（返戻する）
　　という問題もある。不作為といえるか、拒否処分ととらえることができ
　　るか問題がある。

④　**Case**③（第2編第3章）は、行政計画を争うものであり、一般的に
　　処分性が否定される行為形式である。

また、モデルケースとしては取り上げなかったが、よくみられる事例とし
て、

⑤　ガイドライン（指導要綱）に許可申請前に事前協議等のプレ申請手続を規定し、このプレ申請手続を受理しないか、店晒しする場合、

がある。この場合は、法令に基づく申請ではないため、処分性を認めがたい。

*Case*①（第2編第3章）では、このガイドラインに基づく事前協議の中で協定書の締結を求められている。また、*Case*⑤（第2編第5章）の墓地経営許可申請も事前協議を要求している条例が多い。

⑥　届出を受理しない（返戻する）

行政手続法2条7号に定義される届出は、申請に基づく処分ではなく直ちに処分性を認めがたい。

本来届出の形式が要件に合致し、行政庁に到達すれば届出上の義務が履行されるのであり、受理不受理という概念を入れる余地はないのであるが、届出の受理証明書等がないと、その後の手続が進まない場合がある（例として、市街化区域の農地転用の場合は届出で済むが、受理証明書がないと所有権移転登記手続ができない）。

II
処分がないケースが生じる理由

このような処分がないケースがなぜ生じるのであろうか。

私見であるが、第2章でふれたとおり、行政事件訴訟は、処分を中心に組み立てられており、処分を行えば、処分取消しの訴えという形で攻防のポイントが明確になる。しかし、行政庁は、訴訟を避けようとする意図から、なるべく処分をしないで（処分性を与えないで）穏便に済ませようとしている意図が含まれているのではないかと考える。特に事前協議制や、申請書の不受理、返戻行為は、その観点が濃厚に疑える。

確かに申請の中には、形式的不備が多かったり要件を全く充足していないようなケースもあり、こういったケースによる訴訟を回避し、補正するための窓口指導や、純粋な形式的審査としての事前協議（プレ申請）であるなら

ば処分をしない合理性は理解できる。しかし、申請者があくまで正式な行政庁の応答を求めている場合にまで申請を受理しない、返戻するという行為は、窓口指導としての限界を超えている。

　事前協議の場合、単なる形式審査ではなく、法定外の許可要件を付加し、法律による行政の原則を実質的に潜脱しているという問題がある。

　Case ①（第2編第1章）は、廃棄物処分場設置許可にまつわる事例であるが、根拠法律である廃棄物の処理及び清掃に関する法律の解釈として、一般に同許可は覊束行為と解されており、許可要件に合致する以上、許可しなければならない。その許可要件として、法令上、地域住民（たとえば施設から300メートルの範囲等）の同意は不要である。法令上の要件とはならない。しかし当該県の事前協議規程（指導要綱＝ガイドライン）では、事前協議手続における要件として、地域住民の同意（具体的には同意書等）を要求し、これがない場合は、法令に基づく正規の申請をさせない規定となっている。指導要綱に法的拘束力はなく、これを無視して申請を行っても当然適法であるが、事前協議を経ていないとの理由で申請書を返戻されるか、事前協議を経ていないことを理由に申請が却下される場合もある。このような運用がなされれば、ガイドラインが実質的に法規と化し、法令に規定のない新たな許可要件を認めたに等しいこととなる。

　処分をしないで訴訟を避けるという運用は、争いごとを好まない日本人のメンタリティに親和性があり、行政契約や行政指導の多用にもつながってくると思われるが、本来は争えたもの、争えば勝てたかもしれないものを潜在化させ、法的問題性が表面化せず、さらに脱法的行為が繰り返されるという悪循環を産み出している。

　この処分がない、処分性が認められないという行為を行政事件訴訟の訴訟類型に乗せ、積極的に争っていくことが行政事件訴訟の最重点課題ではないかと考える。

III
訴訟ルートへの乗せ方

1　公法上の法律関係確認訴訟

　処分がない、処分性が認められないという行為について、積極的に争うには、実質的当事者訴訟として公法上の法律関係確認訴訟の活用が考えられる。平成16年の行政事件訴訟法改正において、処分性を拡張する方向での改正が見送られた代わりに、「公法上の法律関係確認訴訟」を新たに明示し、処分性が認められがたい場合の救済手続として利用すべしとするのが立法者の意思である。訴訟要件として確認の利益は当然必要となるが、それが認められる限り、公法上の法律関係に限定はなく、およそ公法上の法律関係にかかわる紛争であれば、訴訟ルートに乗せることができる。簡明な方法である。

　解釈論として、理論構成を駆使しても処分性を認めがたい行為、たとえば行政契約の無効確認、非拘束的行政計画の無効確認、関連規定を含めて何の法的効果も発生しない行政指導の無効確認、届出が受理されたこと（効力が発生したことの確認）などの場合は、この類型によるしかないであろう。民事訴訟における確認訴訟との対比、適合性に関する議論は、*Case*①（第2編第1章）を参考にされたい。

　解釈上、処分性が認められる余地がある場合に、この類型のみで勝負するかは議論のあるところである。この点の議論は *Case*③（第2編第3章）で論じてあるが、結論的には、処分取消しの訴えと併合提起し、処分取消しの訴えを主位的請求とすべきであると考える。

　この場合の確認の利益であるが、「処分性が認められないのであれば、当事者訴訟による以外に救済手段はなく、平成16年の行政事件訴訟法改正もこのような場合に当事者訴訟を活用することを促している。確認の利益が認められなければ、原告は、全く救済手段を失う」という点を強くアピールすべきであろう。

2　最高裁判所の傾向

　最高裁判所は、平成14、15年頃より、処分性を比較的広く認める方向での判例を出している。

　参考例として、下記があげられる。

- ・平成14・1・17民集56巻1号1頁（行政百選Ⅱ〔第5版〕163事件）〔建築基準法に基づく二項道路の告示〕
- ・平成15・9・4判時1841号89頁（行政百選Ⅱ〔第5版〕166事件）〔労災就学援護費の支給に関する決定〕
- ・平成16・4・26民集58巻4号989頁（重判解〔平成16年〕行政4事件）〔食品衛生法に基づく検疫所長の通知〕
- ・平成17・7・15民集59巻6号1661頁（行政百選Ⅱ〔第5版〕167事件）〔医療法に基づく病院開設の中止勧告〕
- ・平成20・9・10民集62巻8号2029頁（重判解〔平成20年〕行政4事件）〔土地区画整理事業の事業計画の決定〕

　この傾向を踏まえて、解釈上処分性を認める余地があり得る行為に関しては、過去に否定的な判例が存在したり、否定するのが通説であったとしても前記の判例の趣旨を十分に吟味し、可能性があるのであれば果敢にトライする価値がある（***Case***③（第2編第3章））。

　どのような事例が解釈上処分性を認める余地があるか、その基準は、各事例（実定法）の解釈によるしかないが、大きな指針を示せば、以下の4点がメルクマールとなる（重要な点なので、ゴシック体としている）。

①　**法体系、法システムとして、当該行政の行為から法的効果が発生している場合**

　　最高裁判所の考え方は、根拠法律のみの解釈にとどまらず、関連法令を含む法体系、法システムとしてどうかという点で判断する傾向にある（前掲最判平成17・7・15）。このような解釈論は、原告適格（行訴9条2項）に関する改正にもうかがえる（「当該法令と目的を共通にする関係法令

があるときはその趣旨及び目的も参酌するものとし」)。

　具体的には、*Case* ③（第2編第3章）は、農業振興整備計画の計画変更（いわゆる「農振除外」）に関する事例であるが、計画上農用地に区分された場合、農地法で農転許可ができなくなるという法効果があった。

②　個別性、具体性が認められる場合

　Case ③（第2編第3章）では、私人の申出による計画変更という実態がみられ、実質的に申請に対する応答と同視できる状況があった。

③　法令において、私人に異議を述べる機会を付与している場合

④　他に適切な救済手段がない場合

当該実定法および関連法体系の規定、制度の現実の運用と現実的な効果を勘案し、①ないし④の諸点が肯定できるような場合は、処分性を前提とし、処分取消しの訴えを提起する価値はある。

　なお、いうまでもないが、その場合のリスクを依頼者に説明し、その了解を得る必要がある。そのうえで、保険として実質的当事者訴訟としての各種確認訴訟を予備的に併合提起することを推奨する。

3　不受理、返戻等の行為への対応

　不受理、返戻等の行為に対しては、不作為の違法確認の訴えの積極活用を検討する。

　典型的な申請に基づく処分（裁決）を対象とする限り、不作為の違法確認の訴えは、相当の期間の経過のみが要件といっても過言ではないため、比較的勝訴しやすく、審理期間も短い。

　不許可処分を争われることをおそれて行政庁が申請を店晒ししている場合、2段構えの戦略として、まず第1段階で不作為の違法確認で認容判決を取得し、行政庁に処分させ（いわば燻り出し）、第2段階で当該処分を処分取消しの訴えで争うという作戦が考えられる。

　要件である法令に基づく申請性が認めがたい場合は、前記②を参考に、同

じく要件である処分性そのものが認めがたい場合は、前記①を参考に解釈論を検討する。

　具体例として仮に、農転届出の不受理を争う場合、受理証明書の発行という行政庁の行為により、登記申請ができるという法効果を有すること、そして、実態として、届出→受理証明書の発行という実態、運用があり、法令に基づく申請と同視できること、から処分性を肯定できるのではないかと考える（あくまで筆者の私見である）。

　なお、不作為に対しては、義務付けの訴え（いわゆる2号義務付け）の提起も考えられる。確かに、直接的な救済になり勝訴した場合の効果は大きいが、本案要件（行訴37条の3第5項）の壁が大きい。要は、専門技術性の高い行政許認可につき、行政運営に不案内な裁判官に、各種公益的要請をすべて勘案のうえ、許可認可をなすべきとの確信を抱かせるに足りる立証に成功しなければならない。もちろんそれが可能な事例であれば積極的に活用すべきであるが（例として生活保護の受給決定の義務付け等）、専門性、技術性が高い分野（*Case* ①（第2編第1章）の廃棄物処理施設の設置許可や *Case* ②（第2編第2章）の農転許可）では、相当な苦労を強いられる割に結果を得ることが困難である。むしろ前述した、燻り出し戦術のほうが、結果として最小費用で効果が得られる。

4　「処分」の作出

　弁護士が、処分申請前から相談等により事件にかかわっている場合、究極の戦略として、処分を作出してしまうという方法がある。

　たとえば、事前協議制が定められているような場合、当該事前協議制度があくまで指導要綱にすぎないのであれば、これを無視し、後日、争訟で争うという前提の下で、法令に基づく正規の申請を行い、却下処分を得たうえで（却下させて）、処分取消しの訴えを提起する。

　正規の申請をする場合、弁護士が申請代理人となると、行政庁としても応

答義務を果たしてくる。なおこの場合、配達証明付き郵便で申請書を送付するとよい。行政手続法7条は、事務所に申請書が到達した時に申請に対する応諾義務が発生すると定めているため、仮に店晒しされたとしても、不作為の違法確認の訴えを提起できる要件を調えることができる。この場合の処理については、前述した燻り出し戦術による。

IV
「処分しない」とは、国民の権利を奪うこと

　処分しない、特に申請に対する応諾義務を果たさないということは、国民に対する侮辱である。拒否処分の形でも応答があれば、以後争う余地が生じるのに、応答しないということは、国民の裁判を受ける権利を奪うに等しい。

　繰り返しになるが、このような事例が暗数として相当数潜在化している。

第4章　審査請求との関係

I
公権力の行使に対する争訟手段

　法は、公権力の行使に対する争訟手段として、

①　不服申立て（行政不服審査法）

②　行政事件訴訟（行政事件訴訟）

の2つの制度を用意し、そのどちらを選択するかは、原則として、私人の自由に委ねた。

　これを自由選択主義の制度という（行訴8条1項）。そして例外として、個別実定法に定めがある場合に審査請求前置主義を採用する（同項ただし書）。

　平成26年の行政不服審査法改正前（以下、「旧行審法」という）は、個別実定法で、審査請求前置主義を定めている例が圧倒的に多く、原則と例外が逆転しているといわれていた。たとえば、農地法では、旧農地法54条で審査請求前置主義を定めるなどしていた。

　平成26年の行政不服審査法の改正に際し、この原則と例外の逆転状況も是正され、個別実定法で審査請求前置主義を定める条項はほとんど削除されるに至った。

　現行法制下では、原則どおり自由選択主義としての運用が図られ、訴訟を提起したいのに審査請求をまず行わなければならないという煩雑さは解消されるに至ったが、社会保険の分野等（たとえば、年金不支給決定を争う場合、

社会保険審査官に対する審査請求前置が必要となる。国民年金法101条、101条の
２）、引き続き審査請求前置主義が採用されていることもあるため、留意す
る必要がある。

II
審査請求前置主義

　審査請求前置主義の定めがある場合、これを看過して訴訟提起した場合は、
訴訟要件を欠くとして却下されるので注意が必要である。

　典型的な処分であれば、教示制度（行審82条）により、少なくとも不服申
立てができる旨と不服申立てをすべき行政庁、不服申立期間が教示されるが、
審査請求前置主義の適用があることを教示すべきことまでは行政不服審査法
上規定されていないので、審査請求前置主義の適用がある場合かどうか、個
別にチェックする必要がある。一般的に、根拠実定法の「雑則」の章に、審
査請求前置主義が規定されているケースが多い。

III
審査請求前置主義が適用される場合の不服申立ての
手段と行政庁の選択

　問題となるのは、前項で述べた処分がない、または認めがたい場合におい
て、処分性を肯定すべき解釈を主張する場合に審査請求前置主義の適用がな
される場合である。行政不服審査法改正前の事例であるが *Case* ②（第２編
第２章）がそのケースであった。農転許可申請の事例で、経由機関が申請を
返戻してしまったため、教示はされない。しかし処分取消しの訴えを提起す
べき事案であり、かつ、審査請求前置主義の適用があった。審査請求の前置
が訴訟要件とされる以上、審査請求を経ておかなければ、処分性が認められ
ても、審査請求が前置されていないとの理由により却下される危険があるか
らである。

このような場合、教示はされないのであるから、自分（私人側で）で正しい不服申立ての手段と行政庁を判断しなければならないという厄介な問題がある。特に地方分権の推進を図るための関係法律の整備等に関する法律（以下本書において、「地方分権一括法」という）、条例による事務処理の特則（自治252条の17の2）および法定受託事務の関係で、上級行政庁が存在するのか、最上級行政庁がどこなのか（行審4条）、法令になじんでいないと重要な規定を見落とすおそれがある。

　各実定法における各処分の上級庁の存否およびその最上級庁等がどこであるかは、最終的には各実定法の規定によらざるを得ないが、一応の指針を示すと以下のとおりとなる。

①　都道府県知事が許可権者であり、自治事務（自治2条8項）であれば地方公共団体固有の事務である。したがって、上級庁は存在せず、法律に特別の定めがある場合を除き、当該処分庁に審査請求する（行審4条1号）ことになる。

②　都道府県知事が許可権者であるが、1号法定受託事務（自治2条9項1号）の場合、法律に特別の定めがある場合を除き、地方自治法255条の2第1項1号により、所管大臣に審査請求する。逆にいえば、都道府県知事に対する審査請求は不適法となる。

③　市町村長その他の市町村の執行機関が許可権者であるが、2号法定受託事務（自治2条9項2号）の場合、法律に特別の定めがある場合を除き、地方自治法255条の2第1項2号により、都道府県知事に審査請求する。逆にいえば、市町村長に対する審査請求は不適法となる。

④　条例による事務処理の特則（自治252条の17の2）により、都道府県知事の許可権限が市町村長に委譲されている場合、審査請求は、都道府県知事に行うこととなる（同法255条の2第1項2号）。

　ただし、この場合、権限が市町村長に委譲されなかった場合との均衡から（権限委譲がなければ、本来は各大臣に審査請求できるはずである）、

特例として、審査請求の裁決に対し、各大臣に対し再審査請求ができる（自治252条の17の4第4項）。

IV
争訟オプション

　実定法に審査請求前置主義の定めがなく、自由選択主義が原則どおり適用される場合、争訟オプションとしては、行政不服申立てと行政事件訴訟の2つが考えられる。

　行政不服申立てでは、審査請求・（個別実定法に定めがあれば）再審査請求のオプションが考えられ、これに対応する形で、行政事件訴訟でも処分取消しの訴えと裁決取消しの訴えのオプションが考えられる。

　4 ha を超える農地の農地転用許可申請（農地法4条、同法63条1項2号により1号法定受託事務となる）拒否処分を参考に争訟オプションに応じたシーケンスを考えた場合、以下のとおりとなる。

　A　（直ちに）処分取消しの訴え

　B　農林水産大臣に対する審査請求→処分取消しの訴え

　C　農林水産大臣に対する審査請求→裁決取消しの訴え

　＊　理論上は、B＋C、すなわち、処分取消しの訴えと裁決取消しの訴えをそれぞれ提起することも考えられるが、実益に乏しい。

また、審査請求前置主義が採用されている国民年金不支給処分を参考に争訟オプションに応じたシーケンスを考えた場合は、以下のとおりとなる。

　A　社会保険審査官に対する審査請求→処分取消しの訴え

　B　社会保険審査官に対する審査請求→裁決取消しの訴え

　C　社会保険審査官に対する審査請求→社会保険審査会に対する再審査請求（国民年金法101条1項）→処分取消しの訴え

　D　社会保険審査官に対する審査請求→社会保険審査会に対する再審査請求（国民年金法101条1項）→裁決取消しの訴え

* 理論上は、処分取消しの訴えと裁決取消しの訴えをそれぞれ提起することも考えられるが、実益に乏しい。

このように、農地転用許可1つとっても争訟オプションシーケンスが複数想定でき、まずは、当該事例につき、どのような争訟オプションシーケンスが考えられるか検討する必要がある。そのうえで、当該事例に最も適合的なシーケンスを選択することになる。

どのような争訟シーケンスを採用するかは事例によりけりであり、過度に一般化することは難しいがあえて指針を示すとすれば、平成26年の行政不服審査法の改正により、〈表1〉のとおり、不服申立ての公平性、使いやすさおよび国民の救済の実効性の確保は高められたが、平成28年度の処理実績をみる限り、その認容率は、国で処理したもので約5％程度、地方公共団体で処理したもので約3％程度と低調であり、訴訟によるほうが認容率は高く

〈表1〉　平成26年の行政不服審査法改正点

制度	条文	備考
審理員制度	9条	審理主宰者が明確になった。
標準処理期間	16条	努力義務ではあるが、審理に要する時間を見通せるようになった。概ね6カ月〜8カ月とする例が多い。
弁明書の提出義務	29条	弁明書の提出が義務となった。旧法では任意であり、弁明書が提出されないことも多かった。
行政不服審査会等への諮問と答申	43条 44条	審査請求を棄却する場合、原則として行政不服審査会等に対する諮問とその答申を義務づけ、公平性を高めた。
審理員意見書写しの送付	43条 3項	裁決の前に審理員意見書（裁決書の原案）の写しが審理関係人に送付され、主張書面等提出の便宜が図られた。
主張書面等の提出	76条	審理員意見書を受けて、行政不服審査会等に主張書面・資料を提出することができるようになった。
審査請求中心主義	2条 3条	異議申立てを廃止し、原則として審査請求に一本化した。

（平成28年司法統計によれば、1審で約10％程度）、時間および労力を考えた場合、直ちに処分取消しの訴えを提起したほうが適合的と考える。

V
不作為と審査請求

　不作為に関しては、前記とは観点を異にし、不作為庁以外に審査請求ができる場合（行審4条2乃至4号）は、審査請求を選択することにも適合があると考える。

　なぜならば、不作為庁に対する審査請求では、自ら怠慢であったことを認めろというに等しく、実効性がほとんど期待できないが、不作為庁以外が審査庁となる場合にはそのおそれがない。そして、不作為を争う場合の戦略意図としては、何らかの処分をさせることに主眼があるところ、裁決に至らずとも、審査庁が上級庁の場合、指揮監督権の行使により、何らかの応答をするという一定の実効性が期待できるためである（行審49条3項2号）。

第5章 法令の読み方

Ⅰ
余計なものをカットする

　行政実定法は、他法律の準用、他の条文の準用、カッコ書きの多用、政省令への委任等により、極めて複雑な構造をしているのが常であり、敷居を高くしている面がある。

　中には、墓地、埋葬等に関する法律のように、極めてシンプルなものも存在するが、この場合は、法令の空白部分（自由裁量）の幅が大きく、これを埋めるため、通達等の内部規範や条例による規律が必要となってくる。

　行政実定法規定の一例として、建設業法の条文を以下にあげるが（*Case*④（第2編第4章））、一読して内容を理解するのは困難であろう。

〈建設業法28条1項〉

　国土交通大臣又は都道府県知事は、その許可を受けた建設業者が次の各号のいずれかに該当する場合又はこの法律の規定（第19条の3、第19条の4、第24条の3第1項、第24条の4、第24条の5並びに第24条の6第3項及び第4項を除き、公共工事の入札及び契約の適正化の促進に関する法律（平成12年法律第127号。以下「入札契約適正化法」という。）第15条第1項の規定により読み替えて適用される第24条の8第1項、第2項及び第4項を含む。第4項において同じ。）、入札契約適正化法第15条第2項若しくは第

> 3項の規定若しくは特定住宅瑕疵担保責任の履行の確保等に関する法律（平成19年法律第66号。以下この条において「履行確保法」という。）第3条第6項、第4条第1項、第7条第2項、第8条第1項若しくは第2項若しくは第10条の規定に違反した場合においては、当該建設業者に対して、必要な指示をすることができる。特定建設業者が第41条第2項又は第3項の規定による勧告に従わない場合において必要があると認めるときも、同様とする。（各号略）

　このような場合の条文の読み方の1つのテクニックとして、カッコ書きの部分や余計な部分を削除してまとめるという方法がある。そのような修正を施すと、前記条文は以下のとおりとなる。

> 〈建設業法28条1項（改）〉
> 　都道府県知事は、その許可を受けた建設業者がこの法律の規定、入札契約適正化法15条2項若しくは3項の規定若しくは履行確保法2条6項、4条1項、7条2項、8条1項若しくは2項若しくは10条の規定に違反した場合においては、当該建設業者に対して、必要な指示をすることができる。

　さらに問題となっている法律（本件では、建設業法のみが問題になっていると仮定）に限定してさらに改編すると、

> 〈建設業法28条1項（改改）〉
> 　都道府県知事は、その許可を受けた建設業者がこの法律の規定、に違反した場合においては、当該建設業者に対して、必要な指示をすることができる。

　こうしてみると、実は極めて簡単なことを規定していたことがわかる。まずは、余計なものをカットして読んでみると理解が早くなる。

　やり方としては、次章に述べる e-Gov 等で、必要な法令をコピーしたうえで、適当なワープロソフトにペーストし、編集作業を行うか、六法に直接ラインマーカーで必要な部分にのみ色をつけ、そこだけ読むという方法がある。

Ⅱ
委任命令の調査検討

　行政実定法における許可基準等の技術的、細目的事項は、政令（○○法施行令との名称が多い）、省令（○○法施行規則との名称が多い）に委任されることが多く、場合によっては、条例に委任されることもある（風俗営業等の規制及び業務の適正化等に関する法律4条2項2号等）。

　これら関連する政省令（条例）をすべて把握しておかなければ、法システムの全体構造が判明しない場合もあり、委任命令の調査検討は不可欠である。

　たとえば、農転許可申請の構造を分析すれば、農地法4条6項は、原則として許可できない場合を規定するが、その許可要件（農地の立地区分および例外として許可できる場合）に関し、政令である農地法施行令に授権し、委任を受けた農地法施行令5条1号は、立地基準である「集団的、良好な営農条件を備えている土地」（1種農地といわれている）の要件を定め、同施行令4条1項2号は、例外として許可できる要件の細目事項をさらに農林水産省令である農地法施行規則35条に授権する構造になっている。そこまで検討、分析して、初めて農転許可申請の構造の全体像が判明する。

　ただし、これも、六法を読んでも、前記のように文章にまとめても、一読了解とはいかない。〔図3〕のように、フローチャート化すると理解が容易になる（訴状等、準備書面等裁判所に提出する書面においても、裁判官の理解を得やすくするため、このようなフローチャートを添付することを推奨する）。

　フローチャート化することにより、10ヘクタール以上の一団の農地の区域

〈図3〉　農転許可申請のフローチャート

（農地法4条）

> 1項　農地を農地以外のものにする者は、都道府県知事の許可を受けなければ
> ならない。（略）
> 6項　第1項の許可は、次の各号のいずれかに該当する場合には、することが
> できない。ただし、第1号及び第2号に掲げる場合において、その他政令
> で定める相当の事由があるときは、この限りでない。
> 　1号　次に掲げる農地を農地以外のものにしようとする場合
> 　　イ　農用地区域内にある農地
> 　　ロ　イに掲げる農地以外の農地で、集団的に存在する農地その他の良好
> 　　な営農条件を備えている農地として政令で定めるもの（略）

（農地法施行令4条）

> 1項　法第4条第6項第1号に掲げる場合の同項ただし書きの政令で定める相
> 当の事由は、次の各号に掲げる農地の区分に応じ、それぞれ当該各号に掲
> げる事由とする。
> 　2号　法第4条第6項第1号ロに掲げる農地　農地を農地以外のものにする
> 　　行為が前号イ又は次のいずれかに該当すること。
> 　　ハ　申請に係る農地を調査研究、土石の採取その他の特別の立地条件を
> 　　必要とする農林水産省令で定める事業の用に供するために行われるも
> 　　のであること。

（農地法施行令5条）

> 　法第4条第6項第1号ロの良好な営農条件を備えている農地として政令で定
> めるものは、次に掲げる農地とする。
> 　1号　おおむね10ヘクタール以上の規模の一団の農地の区域内にある農地

（農地法施行規則35条）

> 　令第4条第1項第2号ハの農林水産省令で定める事業は、次のいずれかに該
> 当するものに関する事業とする。
> 　4号　流通業務施設、休憩所、給油所その他これらに類する施設で、次に掲
> 　　げる区域内に設置されるもの
> 　　イ　一般国道又は都道府県道の沿線の区域

内にある農地で1種農地に該当するものは、原則不許可であるが、国道の沿線に面し、流通業務施設、休憩所、給油所その他これに類する施設の事業のために農地転用を行う場合は、例外として許可が可能となるということが判明する。

　まとめてしまえばこれだけのことであるが、関連法令を通じ、整理することで、ようやく全体像が明らかになる。

　行政実定法にはこのようなケースが極めて多い。

Ⅲ
通達の検討

　通達の検討も重要である。通達は、行政の内部規範にすぎず、国民を拘束するものではないが、下記①ないし③の性質を有する。

①　解釈指針として重要な意味をもち、法令の解釈論として通達がそれに合致している限り、事実上法令と同等の効果を有する。この場合、行政庁が当該処分が通達に合致していることを適法性の理由としている場合、これを排斥することは相当に難しい（通達の処分性を肯定する判例として、東京地判昭和46・11・8行裁集22巻11＝12号1785頁）。

②　通達による基準と異なる基準により処分がなされたような場合、前記①と同様に、当該通達が法律の解釈論に合致しているとすれば、当該通達に反する基準で処分を行ったことは、通達違反で直接的に違法といえないにせよ、平等原則違反を主張することが考えられる。

③　通達により、許可基準が鮮明になる場合もある。

　前記③について、たとえば前項で述べた農転許可申請に関しては、10ヘクタール以上の一団の農地の区域内にある農地で1種農地に該当するものであっても、国道の沿線に面し、流通業務施設、休憩所、給油所その他これに類する施設の事業のために農地転用を行う場合は、例外として許可可能であることは分かった。

　では、コンビニエンスストア事業は、この例外要件に該当するのか？　農地法施行規則の規定振りからは、判然とせず、「休憩所、その他これに類する施設の解釈問題となる。

　この点、解釈通達である「『農地法の運用について』の制定について農林水産省平成21年12月11日21経営第4530号・21農振第1598号」では、「なお、コンビニエンスストア及びその駐車場については、主要な道路の沿道において周辺に自動車の運転者が休憩のため利用することができる施設が少ない場合には、駐車場及びトイレを備え、休憩のための座席等を有する空間を備えているコンビニエンスストア及びその駐車場が自動車の運転者の休憩所と同様の役割を果たしていることを踏まえ、当該施設は、「これらに類する施設」に該当するものとして取り扱って差し支えない。(同通達、第2、1、イ、(イ)、e、(d))」としており、座席付のコンビニエンスストア（イートイン付コンビニエンスストア）は、国の解釈としては、例外として許可されうるものであることが判明する。

　なお、念のために付言すれば、通達は法規たる性質を有さず、上記通達は、地方自治法245条の4第1項の規定に基づく国の普通地方公共団体に対する技術的な助言または勧告に過ぎない。また、農転許可は、原則として自治事務であり、各普通地方公共団体毎に独自に条例で許可基準を定めたり、解釈通達をなしうるものである。上記通達をもって、イートイン付コンビニエンスストアは、例外として許可可能であるということが、直ちに許可基準となるわけではないことに留意されたい。

各種調査と立証

Ⅰ
現地調査

　行政事件訴訟では、事実関係の争いが争点になることは比較的少ないが、現地調査は不可欠である。

　被告である行政主体の職員は、その道のプロフェッショナルであり、現地の実情を知悉している。現地を見ないで、法律解釈論を展開しても、実態にそぐわない空理空論に陥り、効果的な解釈論を展開できなくなるおそれがある。

　また現地を見て、実情を知ることにより、問題となっている実定法以外の側面からのアプローチに気がつくこともある。

Ⅱ
法令調査

　法令調査の重要性もいうまでもないが、行政事件訴訟では、複数の実定法、委任命令（政省令、条例）、通達まで把握しておく必要があり、法令調査はより重要である。

　法令調査にあたって留意すべき点として、

①　常に最新の法令にあたるべきこと

　　行政実定法の改正サイクルは早い。１年ごとに改正されているものも

あり、最新版の六法全書でも、改正に対応していない場合がある。

②　処分時の法令にあたること

処分取消しの訴えの基準時は、原則として処分時である。

したがって、処分時の法令に照らし、違法、適法の判断がなされる。

処分時が古い場合は、処分時の法令にあたる必要がある。

法令の調査にあたっては、専用六法（例として、農地六法、教育六法等）を利用すると、関連する政省令、通達まで収録されており便利である。多くの場合、弁護士会の図書館に所蔵されている。

分野別の法令を一覧したい場合、各省のホームページにおける法令検索も、当該省の所管法令の体系に従って、法律、政省令、通達が検索できるようになっており、これを利用する方法もある。通達を調べる場合は、各省のホームページを利用するのが便利である「○○省　通達」で検索すれば、たいてい各省の通達検索ページにたどり着ける。また、各省ホームページでは、法改正にかかわる情報（法改正の趣旨、立法事実、立法過程での議論、改正法の詳細等）も入手できる。

電子政府の総合窓口（e-Gov）の法令検索は、有効法令をほぼ網羅しており、利用価値が高い（〈https://www.e-gov.go.jp〉）。

条例、規則（地方公共団体の長の定める規則。自治15条1項）に関しては、各自治体のホームページで検索するしかないが、「○○（県）市　例規集」で検索すれば、たいてい検索ページにたどり着くことができる。

訴訟が係属した場合は、釈明処分の特則（行訴23条の2）を活用することにより、処分または裁決の内容、根拠となる法令その他これらを明らかにする資料等（例として、通達、内部基準等）の提出を求めるという方法も考えられる。

付言するが、行政事件訴訟では、当事者間の力関係、証拠の偏在等の事情から、文書提出命令の申立てをはじめ、求釈明、当事者照会等の利用を積極的に活用すべきであるといえる。

Ⅲ
立証責任の所在

　立証の問題に関して、まず、立証責任の分配に関しては定説とよべるもの
は存在しないが、概していえば、国民の自由を制限し、義務を課す行政行為
の要件事実については行政庁側が、逆に国民に有利となる要件事実の存在に
ついては国民の側が立証責任を負うという考え方が妥当であるとされており
（原田尚彦『行政法要論〔全訂7版［補訂2版］〕』420頁）、実務においても、ほ
ぼ妥当すると考える。

　したがって、訴訟要件（処分性、原告適格等）に関しては、原告側が立証
責任を負うとの考えの下で、立証活動にあたるべきである。同様に、許可処
分等の受益処分における積極要件は、原告に立証責任があり、不許可とすべ
き消極要件に関しては、被告に立証責任があるとの考えの下で立証活動を行
うべきである。

　行政に裁量のある行為に関しても、その権限の逸脱、濫用を違法事由とし
て主張する場合、逸脱、濫用の事実（評価根拠事実）を原告が立証する必要
があると考える。

Ⅳ
立証の程度

　立証の程度について、行政事件訴訟法は、法律に定めがない事項について
は民事訴訟の例によることとされる（行訴7条）。

　したがって、立証の程度としては、民事訴訟と同じく、合理的な疑いを差
し挟まない高度な蓋然性（最判昭和50・10・24民集29巻9号1417頁（民訴百選
〔第4版〕57事件））が必要と解される。

　しかし、行政事件訴訟における処分の違法性に関する立証は、より高度な
ものが求められていると考えられる。

　より正確には、処分の違法性を基礎づけるものとして、

①　要件に該当する事実の不存在（事実誤認）

②　要件の解釈論の誤り（法令違反）

が考えられる。

　このうちの①に関しては、特段民事訴訟上の立証と程度が変わるものではないが、②に関しては、刑事訴訟における、有罪認定に等しい、より高度の立証を求められていると考えられる。具体的には、法令の解釈に合理的な疑いがあるという程度では足らず、他の適法と考えられる蓋然性をすべて潰し、違法と考える以外に合理的説明がつかないというレベルまで立証する必要がある。比喩的にいえば、刑事事件において無罪判決を取得するレベルの立証活動（本来、無罪の証明は不要なはずであるが）に挑まなければ、容易に勝訴しがたい。

第7章　処分庁の権限の把握

Ⅰ　処分権限の把握の重要性

　地方分権一括法の施行により、従来の機関委任事務の制度は廃止され、国の権限の多くは地方自治体に委譲された。

　これにより、機関委任事務、団体委任事務制度が存在した頃の権限の委任関係の把握や、不服申立てにおける上級庁の把握などは容易になった（平成16年の行政事件訴訟法改正により、被告適格が行政庁から行政主体となったことにより、被告行政庁を間違えるというリスクも減少した）。

　とはいえ、行政庁がいかなる法的根拠により処分権限を有しているかを把握しておくことは、指揮監督関係の有無、審査請求を行えるか否かの判断のためにはなお重要である。

Ⅱ　法定受託事務

　機関委任事務、団体委任事務の制度は廃止され、法定受託事務の制度が新たに設立された。

　法定受託事務とは地方公共団体の事務の１つである。

　地方公共団体の事務（処理する事務）のうち、本来国が果たすべき事務であるもの（いわゆる１号法定受託事務）または都道府県が果たすべき事務であ

るもの（いわゆる2号法定受託事務）であって、国または都道府県においてその適正な処理を確保する必要があるものとして法律または政令に特に定めるものが法定受託事務である（自治2条9項）。

　原則として地方自治法別表1に1号法定受託事務が、同法別表2に2号法定受託事務が定められている（自治2条10項）。この別表は、コピー等して手元に常備し、早見表代わりにすると便利である。

　自治事務（自治2条8項）との対比において、法定受託事務とされる事務の特例としては、各大臣はその所管する法律等の処理につきよるべき基準（処理基準）を定めることができるという点があり（同法245条の9第1項）、許可申請において考慮すべき場合がある。また、第4章で詳述したとおり、法定受託事務の場合、行政不服審査法に基づく不服申立てにおいて、各大臣または都道府県知事に対し審査請求が可能となる（同法255条の2）。

Ⅲ
許可権者

　許可対象の属性や規模によって、許可権者が変わる場合もある。

　例として、建設業許可では、〈表2〉のとおり、区分されている。

〈表2〉　建設業許可の許可権者

許可権者	許可対象	対象の規模	事務区分	根拠条文（建設業法）
国土交通大臣	特定建設業の許可	2以上の都道府県に営業所を設置して営業	—	3条、17条、5条
	一般建設業の許可	2以上の都道府県に営業所を設置して営業	1号法定受託事務	3条、5条
都道府県知事	特定建設業の許可	1の都道府県に営業所を設置して営業	—	3条、17条、5条
	一般建設業の許可	1の都道府県に営業所を設置して営業	1号法定受託事務	3条、5条

Ⅳ
権限が委任されている場合等

　所管大臣が処分権者とされている場合でも、地方支分局の長に権限が委任されている場合がある（例として、農地法62条は、農林水産大臣の権限を農林水産省令で定めることにより、その一部を地方農政局長に委任することができる旨定めている。これを受けて農地法施行規則105条は、農地法４条１項および同法施行令９条の規定による指定およびその取消しに係る権限並びに同法58条４項の規定による権限を除き、農地法および同法施行令に規定する農林水産大臣の権限を地方農政局長に委任している）。

　また、都道府県知事が処分権者とされている場合であっても、指定都市（自治252条の19第１項）、中核市（同法252条の22第１項）の長が行うものとされる場合がある（例として、廃掃24条の２、廃掃施行令27条）。

　前記のように、個別実定法に規定がない場合であっても、地方自治法252条の17の２第１項に定める条例（以下筆者の造語であるが「分権条例」という）により、都道府県の事務の一部が包括的に市町村に委譲され、市町村長が当該事務を管理、執行することにより、市町村長に権限が委譲されている場合もある（例として、神奈川県事務処理の特例に関する条例別表５。これにより４ha以下の農転許可事務は、相模原市に委譲され、相模原市が許可権者となる）。

　この場合、市町村に委譲された事務は、市町村の事務となり、市町村は独自の観点から条例を制定できる。

第2編 行政事件訴訟の現場

——モデルケースを題材として

第1章 協定書（行政契約）無効確認訴訟

I 事案の概要

――〈*Case* ①〉――

　甲株式会社は、A県Y市に一般廃棄物最終処分場を有し、一般廃棄物処理業を営む会社である。

　甲株式会社は、処分場設置許可を受けるにあたり、Y市との間で地域の環境保全を目的とする環境保全協定を締結した。しかし、現在、この環境保全協定が障害となり、経営状況が悪化している。Y市とは、環境保全協定の改定協議を何度か行ったが、Y市の立場は、任意の交渉による改定では住民に業者との癒着であるとの指摘を受けかねず、応じられないというものであり、物別れに終わった。

　弁護士は、甲株式会社の乙総務部長より、法的手段を含む問題の打開策を相談された。

II 注視すべき点

〈*Case* ①〉における、注視すべき点は、以下の4点である。

①　行政契約の争い方

② 　指導要綱の問題点

③ 　行政契約の効力

④ 　行政契約における「公序良俗」のとらえ方

Ⅲ
Ｂ総務部長と弁護士の相談記録

弁護士「まずはじめに、簡単で結構ですから廃棄物処理の流れや許認可関係について、簡単に説明してください」

Ｂ部長「はい。廃棄物、単純にいえばゴミですね、これらの処理や処分に関する法律としては、廃棄物の処理及び清掃に関する法律、略して廃掃法といいますが、廃掃法が主たるものです」

弁護士「廃棄物、ゴミ、といってもいろいろ種類があるのですか？」

Ｂ部長「はい。これは余談ですが、そもそも廃棄物とは何か？　その定義からして結構難しい問題があります。廃掃法は、２条１項で『ごみ、粗大ごみ、燃え殻……その他の汚物又は不要物』などと定義していますが、では、ゴミとは、不要物とは何ですか？　となると、見方によっていろいろ変わってきます。たとえば、おからは廃棄物か？　という問題です。大豆加工業者にしてみれば、不要物ですが、食材として利用しようと思えばできるので、おから販売業者にしてみれば有用物ということになります。これは判例にもなった有名な事件です。結局、法律のみでは一義的に判断できないので、環境省の通知という形で指針が出されています」

弁護士「廃棄物に当たるかどうかによって、廃掃法の適用があるかないかという問題になるのですね」

Ｂ部長「そうです。廃棄物であれば、廃掃法の処理基準に従って処理をしなければ不法投棄等の問題になるし、許可を受けた業者でなければ収集や運搬をすることはできなくなります。

　　　　　お尋ねの廃棄物の種類ですが、大きく分ければ一般廃棄物と産業廃棄物いわゆる産廃に分かれます。一般廃棄物というのは、ひと言でいえば家庭ゴミです。産業廃棄物というのは、事業活動から排出されたゴミすべてをいうのではなく、廃掃法2条4項に定める品目のみを示します。ですから、先生の事務所から出される紙くずゴミ等は、事業活動から発生していますが、産廃ではなく、一般廃棄物になりますね。弊社は、この一般廃棄物の最終処分を行っております」

弁護士「一般廃棄物の処理の流れを教えてください」

B部長「一般廃棄物に関しては、廃掃法6条の2第1項により、市町村がその処理責任を負います。まず市町村で各家庭等から排出された廃棄物を収集します。そのうえで、クリーンセンター等の中間処理施設に運搬して、廃掃法で定めた処理基準に従って、廃棄物の種別ごとに焼却、破砕、熔解等の中間処理をします。中間処理をしても燃え殻等の残渣が出るので、これを最終的に処分しなければいけません。そこで弊社のような最終処分場に持ち込み、埋立て処理をするわけです」

弁護士「埋立て処理というのは、単純に穴を掘って、ゴミを埋め立てるのですか？」

B部長「いえ、とんでもない。最終処分にもいくつか種類があって、弊社の最終処分場は管理型処分場とよばれるものです。有害物質を含む廃棄物をそのまま土中に埋めてしまえば、有害物質が地下水に浸透し、大変なことになってしまいます。管理型最終処分場の構造をごく単純にいえば、廃棄物を埋めるための大きな穴を掘ります。そのうえで、廃棄物に含まれる有害物質が地下水に浸透しないよう丈夫なゴムシートで穴をコーティングします。その中に廃棄物を埋め立てていくのですが、雨水などにより処分場の中に水

が溜まるので、別に水処理プラントをつくり、そこで環境適合値まで浄化します。浄化後の水は、河川の水より綺麗ですよ」

弁護士「概要はわかりました。それでは今回の問題について、もう少し詳しく教えてください」

Ｂ部長「現在弊社は、処分場のあるＹ市と【書式１】のような環境保全協定を締結しております。

協定を締結したのは、もう今から10年以上前の話となります」

【書式１】　環境保全協定書

環境保全協定書

　Ｙ市（以下「市」という。）と甲株式会社（以下「甲」という。）は、甲が最終処分場を設置するに当たり、以下のとおり協定を締結する。

　１条　本協定は、Ｙ市の地域環境を保全することを目的とする。
（中略）
　５条　国道Ｎ号線から処分場への搬入は、別紙の迂回路を経由するものとし、その他の進入道路は一切使用しないこととする。

　６条　処分場の操業時間は、午前11時から午後３時までとする。

　７条　処分場への１日当たりの搬入量は、10トントラック10台までとする。
（中略）
　９条　甲が以上の項目を遵守することを条件に、市は処分場の設置を認める。

平成Ｘ年Ｘ月Ｘ日

Ｙ市市長　○○○○　印

甲株式会社

　代表取締役　○○○○　印

弁護士「行政法の教科書にいう規制的行政契約、一種の公害防止協定ですね」

B部長「今問題となっているのは第6条です。操業できるのが午前11時から午後3時まで、4時間しかない。この4時間の間に処理できる分量をベースに収支計算をして、利益が出るという見通しでした。協定書を締結した10年前は」

弁護士「10年前ですね」

B部長「そうです。ところが、この10年間でトラックや重機の燃料代が大幅に値上がりしました。その他の物価も高騰し、結果として経費がかさみ、現状では収支トントンか悪くすれば赤字です。最終処分場は不足がちなので、入札に参加すれば、受注できるのですが、受注しても処理が追いつかないので、泣く泣く入札にも参加していない状況です。かといってこのままではジリ貧ですし、下手をすれば破綻しかねない状況です」

弁護士「午前11時から午後3時までしか操業できないというのはなかなか厳しい条件ですね。しかし、そもそも論ですが、なぜこのような環境保全協定を締結することになったのですか？」

B部長「協定書を締結したのは、お話ししたとおり10年以上前で、その頃は私もまだ入社しておらず、当時の人もずいぶんと退職してしまったので細かい事情まではわからないのですが、地元住民の方の納得、同意をいただくためにそのような条件を出され、やむ得ずのんだと聞いております」

弁護士「強制された、という感じですか？」

B部長「いや、そこまではないでしょうが、施設の許可をとるにあたって、不可欠だったというような話を聞いております」

弁護士「その法的な根拠は何ですか？」

B部長「A県のガイドラインだったと聞いています。法律のことはわから

ないので、そのコピーをおもちしました。後で読んでみてください」

弁護士「操業時間制限の根拠は何なのですかね？」

B部長「ええ、それなのですが、人が生きていく以上ゴミは必ず出ます。廃棄物処理施設は不可欠な施設なのですが、残念ながら嫌悪施設であることは間違いないところです。進んでこれを受け入れてくれる地域はありません。本処分場も、計画が立ち上がった段階で、やはり地元の方からずいぶん不安や反対の声が上がりました。地域環境が汚染されるという心配の声が最も多かったのですが、廃掃法等の法令で定められている基準値よりさらに厳しい基準で操業しますということで、これは何とかご理解ご納得いただけました。

　ただそうはいっても、各地からゴミが集まってきて、地元がゴミ捨て場代わりにされるのはけしからん。無制限なゴミの搬入は許容できないという意見と、処分場へ廃棄物を搬入するには、この地図〔図4〕のとおり、（旧）国道N号線を利用しなければなりませんが、国道N号線は、当時は、生活道路として使われていて、沿線に小、中学校も多く、児童・生徒の通学路にもなっていました。処分場ができれば、ダンプや大型貨物が増えて、通学路が危険にさらされるという意見は一部の方から強く出され、処分場建設反対の住民運動が起こされました。

　許可権者である県の方から指導があったのかもしれませんが、Y市の方から、無制限なゴミの搬入防止と通学路の安全確保の観点として、通学時間に重ならない、午前11時から午後3時に操業を限定し、それを協定書の形で締結できれば、施設設置に同意するということになったのです」

弁護士「処分場は、容量が当然定められていますよね」

〔図4〕　甲株式会社一般廃棄物処理場周辺図（A県Y市）

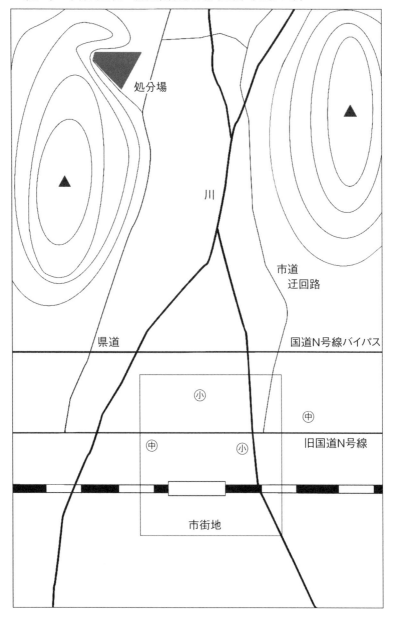

【書式2】　一般廃棄物処理施設設置許可証

一般廃棄物処理施設設置許可証

平成Ｘ年Ｘ月Ｘ日

住　所　Ａ県Ｙ市・・・・・・・・・
氏　名　甲株式会社

　廃棄物の処理及び清掃に関する法律第八条第一項の規定により、設置の許可を受けた一般廃棄物処理施設であることを証明する。

Ａ県知事　某　　印

許可の年月日	平成Ｘ年Ｘ月Ｘ日	許可番号	Ａ県第××号
施設の種類及び処理する一般廃棄物の種類	施設の種類 　一般廃棄物の最終処分場 処理する一般廃棄物の種類 　焼却灰、不燃ごみ		
設置場所	Ｙ市・・・・・・		
処理能力	埋立地の面積　13,000平米 埋立容量　200,000立米		
許可の条件	1．生活環境影響調査結果を踏まえ、周辺の生活環境保全上の支障を生じないものとすること。 2．施設建設工事の着手から終了までの間でＡ県知事が予め通知して行う当該一般廃棄物の最終処分場に係る検査を受けること。		
留意事項	1．施設の設置（変更）に当たっては、各種関連法規を遵守すること。 2．平成Ｘ年Ｘ月Ｘ日にＹ市長と締結した協定書の各条項を厳守すること。		

　Ｂ部長「弊社の処分場は、20万立方メートルで許可をいただいております」

　弁護士「では、無制限に廃棄物が搬入されるということはないのではない

　　　　　ですか。20万立方メートルで埋まってしまい、処分場は終わりで
　　　　　すよね」

B部長　「おっしゃるとおりです。たとえば、10年かけて埋まるものを、ペー
　　　　　スを速めて、1年で埋めてしまおうと思えばできないわけでは
　　　　　ないのです。でも、協定書7条で、1日あたりトラック10台分に
　　　　　制限しているので、短期のうちに、無制限にゴミが搬入されると
　　　　　いうことはないのです」

弁護士　「通学路の問題ですが、通学路危険防止の観点から、協定書の5条
　　　　　で迂回路を経由すべきことを規定しているわけですよね」

B部長　「そうです。それに加えて操業時間を規制するのは少々厳しすぎる
　　　　　と思いますが、それより国道N号線のバイパスが最近できまして、
　　　　　通学路となっている旧国道N号線を通る必要はなくなりました。
　　　　　そうすると通学時間はあまり影響しないのではないかと考えてい
　　　　　ます」

弁護士　「ざっとですが、概要はわかりました。端的に御社のご要望は何で
　　　　　すか？」

B部長　「この協定書ですが、そもそも約束したこと自体は紛れもない事実
　　　　　ですので守るのは当然だと思っています。操業時間制限以外の部
　　　　　分に関しては、特段異存もなく、書き改める必要性も感じていま
　　　　　せん。しかし、操業時間に関して、この条項だけでも撤廃できな
　　　　　いかと考えています。2時間でも1時間でもいいですから、これ
　　　　　を延長する形で協定書を改定することでもかまいません」

弁護士　「Y市にその交渉はしていないのですか？」

B部長　「もちろん何度もお願いにうかがっております。市のほうでも、弊
　　　　　社の状況は十分に理解していただいており、同情もしていただけ
　　　　　るのですが、市が処分場建設に同意するにあたり、市議会や住民
　　　　　に対して、協定書を締結し、操業時間は4時間に限定するから、

と説明し、理解いただいた経緯があるようです。この過去の経緯からして、協定書を任意で変更することは難しい。むしろ法的に白黒をつけてもらったほうがやりやすいといわれておりまして、交渉で解決するというのは無理そうです」

弁護士「法的に白黒といいますと、御社としては、訴訟等の方策も視野に入れているということでいいですか」

B部長「はい。訴訟をしたいわけではありませんが、正直、ほかに方法がないと思います」

弁護士「今日うかがったお話、いただいた資料を基にして、どのような法的手法をとり得るか検討してみますが、何であれ、協定書という形で、お互いに判を押し合い合意したのですから、その意味は重いといえます。これを覆すというのは相当難しいですよ。『嫌だったら判子を押さなければよかっただろう』といわれれば、それは道理ですし、契約には拘束力がありますから」

B部長「それはよくわかっています」

弁護士「契約は拘束する。しかし、それは対等な関係であって初めていえることでしょう。行政と私企業、力関係に歴然たる差があります。それにもかかわらず、契約自由の原則により、契約に拘束力がある、といいきれるのか、そこに活路を見出せるかもしれません。

　　お話をうかがって、この協定書に関しては、私も少々違和感をおぼえております。訴訟となった場合、相当に苦しい戦いになると思いますし、ご希望に沿う形での結論を出せるか、全く保証の限りではないですが、やってみる価値はあると思います」

B部長「私どもは、権限をもっているお役所にそうそう楯突くことはできません。それはもう実際には上下の関係です。役所から、協定書を締結してほしいとの要請があれば、現実的にそれを跳ね返すのは相当な覚悟が必要です。廃掃法には、操業時間を制限する旨の

規制はありません。私は法律に関して全くの素人ですが、協定書は廃掃法に違反している気がします。何もしなければ、何も進みませんので、何卒よろしくお願いします」

IV
弁護士の検討

1　直感（弁護士のつぶやき）

⑴　法律による行政の原則に反しないか？

　本件協定は、講学上（学問上）行政契約とよばれるものである。分類としては、私人の権利を制限し、義務を課すものであるため、規制的行政契約ということになろう。端的にいえば公害防止協定というカテゴリーで考えればよい。

　法律による行政の原則の一内容として、法律の留保原則がある。この原則も、どの範囲で法律の授権が必要かという部分に関して学説はさまざまだが、私人の権利を制限し、義務を課すという侵害的行為に関しては、法律の根拠が必要であるという点は大方争いない。廃掃法自身は、操業時間に関して、何ら規制をしていない。附款で規制するということは考えられることであるが、【書式2】の許可書をみても許可の条件（附款）として操業時間規制は書かれていない。まあ、留意事項に協定書遵守とはあるが、留意事項はまさに留意すべき点、というだけであって附款でも何でもなく私人を拘束するものではない。

　整理すれば、操業時間を強制的に規制するためには、法律の根拠が必要といえる。逆にいえば、廃掃法上、操業時間の自由は認められていると考えられるだろう。ただ、これが廃掃法として業者に操業時間の自由を権利として認めたものか、法律で規定しなかったことによる反射的な利益にすぎないかは一考を要する。要検討箇所であろう。

　仮に操業時間の自由を「聖域」とでも名づければ、本件協定書は、聖域を

侵す内容となっている。しかし、「聖域」を自ら放棄することは自由で、行政からの任意の要請によって、任意に聖域を放棄し、そのことを書面で約束する。協定書を締結するということであるが、この方式であれば、「聖域」を侵すことにはならない。法律による行政の原則に反しない。めでたしめでたし。となるが、では、聖域を放棄することに真摯な任意性がなかったらどうか。それは、実質的には強制的に聖域を侵されたことにほかならないのであって、法律による行政の原則に反し、違法だ。B部長は、「許可をとるためやむなく協定を結んだ」と話していたな。協定書締結に至る過程で、真摯な任意性を疑わせる事情があったかどうか、そこが1つのポイントになる。

　本件協定は、強制的に締結されたもので法律による行政の原則に違反する。という主張が考えられる。

(2)　目的達成のために合理性があるのか？

　問題はまだある。協定書の操業時間規制に合理性があるだろうか。

　規制の目的は、無制限な廃棄物の搬入防止と通学路の安全にある。この目的自体、廃掃法の目的にも適い、地域の環境保全を図れるし、正当だ。問題は、その目的達成の規制手段として、操業時間を制限することに合理性があるのか。廃棄物の搬入量抑制という観点からすれば、処分場の容量は決まっているのだから、まあ、後で増設の許可をとれば若干増やすことはできるけれども、無限に搬入されて香川県の「豊島問題」のようなことになることはない。もちろん廃掃法や許可条件を無視して、廃棄物の搬入を続けるという可能性も考えられるが、この処分場は一般廃棄物の最終処分場で、そんな違法操業をするようなところに、お客さんである市町村が発注するわけがない。入札に参加すらさせてもらえないだろう。杞憂にすぎない。処分場の容量に限度があって搬入量総量の歯止めがきいても、短期的に大量に搬入されたら、それはさすがに地元のほうも迷惑だろう。しかし、これも1日10台までという別の条項で制限されているのであって、それでこと足りる。操業時間を短縮する合理性がない。残る通学路の問題。操業時間ではなく、搬入時間を制

〔図5〕　***Case*①における主張内容の構造**

① 法律による行政原理に基づく聖域の侵害

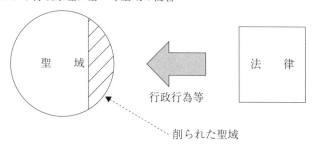

② 真摯な合意に基づく聖域の放棄

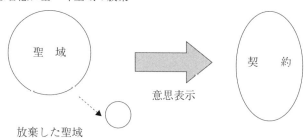

③ 法律なき、真摯な合意なき聖域の侵害

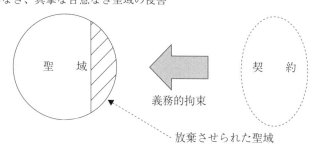

限すればよいだけではないか。さらにいえば、確かに協定書締結時には、旧国道N号線を使わなければならなかったが、その後バイパスができて、旧国道を使う必要は現在はない。通学路の安全という目的に対して操業時間制限

に合理性はないと考えられる。とすると、操業時間制限という規制手段は、目的との関係で、必要最小限の規制どころか、現在は合理性もない。という状況にある。

　本件協定の操業時間制限は、合理性を欠く、という主張も考えられる。

　そうすると、法律による行政の原則に違反し、合理性をも欠く協定の効力を認めてよいのか、という議論になる。

　これを認めるとなれば、要は、**協定という形式さえとって、任意性のベールをかければ、何でもできてしまうことになりかねない。法律による行政の原則が潜脱される**（ここは重要なのでゴシック体とする）。

　公害防止協定は、確かに有益な行政作用であって、一概に否定しないけれども、便利なゆえに、濫用される危険は多分にある。その限界点はどこなのか。判例や学説によっても、十分に研究が進んでいるとは思えない。行政契約の限界点を見出すという意味で、この事件を引き受ける意義はある。

　次の問題は、どのような訴訟形態で争うか、どういうルートを選択するか、それを確定し、あとは、訴訟形態に応じた法的構成の検討だな。

2　法的手段の検討

(1)　顧客の要望に合致する手段の模索

　顧客のニーズは、操業時間の延長である。別に協定書の法的効力を争いたいわけではない。その目的達成のために最も適合する手法としては、操業時間を1時間でも2時間でも延長する旨の協定書の改定を行えばよいわけであって、民事調停を申し立て、調停条項として「環境保全協定第6条を『……』と変更することに合意する」（環境保全協定書そのものを調停調書化も考えられる）として調停を成立させればよい。しかし、Y市の立場からすれば、任意での、つまり政策判断としての協定書変更は無理であり、調停制度を利用してもその点は変わりがない。Y市の立場からすれば、司法機関なりの公権的判断がなければ（これがあれば協定書変更の大義名分ができる）変更

は難しいということであり、訴訟提起を考えざるを得ない。ただし、訴訟の場合、判決となれば最終的には全か無かのどちらかにしかなり得ない部分が障害となる。そこで、戦術としては、もちろん判決取得を見据えたうえで、裁判所より和解の勧告（民訴89条の和解の試み）、可能であれば書面による和解の勧告を出してもらい（これにより、一応の司法機関の公権判断という大義名分が立つので、Y市としても和解を受け入れやすい環境ができる）、そのうえで、協定書の改定＝操業時間延長を和解条項とする和解成立を狙うこととする。

(2) 訴訟形態の検討（判例分析）

　訴訟提起するとして、具体的にどのような類型のどのような訴訟を提起すべきか。行政事件訴訟を考える場合の最重要課題であり、かつ、醍醐味である。

　本件の戦略目的は協定書の改定、その手段として望ましい方法は、訴訟上の和解である。和解の成立がそもそも濃厚ということであれば、訴訟要件を欠き、直ちに却下判決を免れないような訴えでない限り、極論すれば何でもよいという判断になろうが、本件で和解できるかどうか、全くの賭けに近い。しかも裁判所による和解の勧告を出してもらうには、裁判所に請求認容かそれに近い心証をもたせる必要があり、可能な限り勝ちやすい訴えを選択する必要がある。

　そうすると、請求の内容としては、協定書の効力を争う訴えを提起することになる。参考として、公害防止協定の効力を争った裁判例を調べてみたところ、参考になりそうなものとして、2件の判例がみつかった（**Case** ①における現時点とは、平成21年7月10日以前を想定している。その前提での判例である）。

①　新潟地方裁判所平成10年11月27日判決（平成6年（行ウ）第13号）裁判所ウェブサイト〔県外産業廃棄物処理禁止等請求事件〕

原告：新潟県　被告：業者

請求：差止め請求（業者が公害防止協定に違反して廃棄物の搬入を行ったため、その違反行為の差止めを求めたもの）

結論：公害防止協定の効力を認める。

② 福岡高等裁判所平成19年３月22日判決（平成18年（ネ）第547号）判自304号35頁〔産業廃棄物最終処分場使用差止請求控訴事件〕

原告（被控訴人）：福津市　被告（控訴人）：業者

請求：差止め請求（業者が公害防止協定に違反して使用期限を経過しても操業を続けたため、処分場の使用差止めを求めたもの）。

結論：公害防止協定（使用期限条項）に法的拘束力を認めなかった。

　両判決は、いずれも業者側が被告となる事件である。つまり、業者側で公害防止協定の効力は存在しないと判断して協定違反行為を行ったため、その違反に対し行政が差止めを求め、協定の効力が訴訟上の争点となったものである。原告として訴訟にうって出たものではない。その他の裁判例をみても業者側が原告となるケースは見出せなかった。どうも攻撃側（原告）で、公害防止協定の効力を争ったケースは（公刊物では）存在しない模様であって、一からつくる必要がありそうである。

　心惹かれるのは、前記②の福岡高裁判決である。「法的拘束力を認めることができない」と判示している。事案としても類似点が多い。この判決と同じ形で訴訟できればある意味やりやすいのだが、それはつまるところ、甲社に操業延長という協定書違反行為をさせ、Y市が差止請求訴訟をしてくるのを迎え撃つという構造となる。仮に法的拘束力がないと事後的に判断されようとも、紳士協定としての約束はあるのだから、それに違反するということは、信義に反し、訴訟の勝ち負けにかかわらず甲社の信用を失墜させる。それはさすがにできない。

　とはいえ、福岡高裁判決の判決理由は大いに参考になる。ただ、「法的拘

束力を認めることができない」とは、法的にどういう意味なのであろうか。確かに、この判決の事案では、業者は防御側であり、使用差止めという原告側の攻撃を排斥する理由としては、協定に法的拘束力がないと判断すれば十分であろうが、法的拘束力がないとは、協定書が「無効」ということであろうか。そうであれば端的に判決理由として「無効である」と判示すればよさそうなのであるが、そこのあたりが今ひとつボンヤリとしている。

(3)　訴訟形態の決定

福岡高裁判決を参考事例とし、原告側で協定書の効力を争うとなれば、協定書の効力の存否を確認する「確認訴訟」を提起するしかないであろう。本件での戦略目的達成のためには、協定書に規定されている操業時間規制を「なかった」ことにすればよい。「なかった」ことにするのであれば、「取り消す」のが一番であり、抗告訴訟としての処分の取消しの訴え（行訴3条2項）が最適である。しかし、さすがに当事者間の任意の合意であるところの「行政契約」に処分性を認めることは難しい。ちょっと勝負にならないであろう。「なかった」ことにするのが難しければ、「ないこと」を公権的に確認してもらうしかない。「ないこと」を確認してもらえれば、協定違反との誹りも免れ、大手を振って操業時間の延長ができよう。

「確認訴訟」の線で検討を進めることとするが、具体的に「何がないこと」を確認するか、少々頭を悩ませるところである。福岡高裁判決は「法的拘束力を認めることができない」と判示しているのだから、「協定書に法的拘束力がないこと」の確認を求めるのが同判決の判旨に合致し、すっきりする。しかし、そのような文言の「請求の趣旨」を今までみたことがない。確認訴訟とは、端的にいえば、当事者間の権利義務の存否を確認する訴訟である。たとえば、「借金がある」、「ない」でもめているとき、「ない」と主張する当事者は、債務（義務）不存在確認訴訟を提起し、確定判決を得ることで、借金のある、なしという不安定な地位を免れることができる。では、「法的拘束力がない」とは何なのか。請求の趣旨＝判決主文としては抽象的すぎよう。

より具体的には、操業時間規制に従う義務がないということであろう。では、なぜ操業時間規制に従う義務がないのか、その理由は、協定書が取り消されて（解除されて）現在効力がないか、そもそも当初から効力がない。無効だからということに帰結する。もっとも、学説的に考えれば、行政契約には「紳士協定説」と「契約説」があり、「紳士協定説」を採用すれば、法的拘束力はないということになろうが、実務の世界ではそのような二元論的、演繹的思考はとられてない。契約としての拘束力を認めつつ、拘束力を認めがたい部分について、それでも何らかの合意が存在することから「紳士協定」といっているにすぎない。「行政契約は紳士協定にすぎないから、法的拘束力がない」との主張では、たちまち結審してしまうであろう。そうであれば、協定書の無効確認が確認訴訟の概念に最も合致し、受訴裁判所として受け入れやすいであろう。訴状では、協定書無効確認ですすめることとする。「法的拘束力がないこと」の確認も大変魅力的であるが、訴えの変更は可能だから、訴訟の展開をみて、もし裁判所のおぼえがめでたいようであれば、訴えの変更で対処することとする。

(4)　無効確認訴訟

協定書無効確認訴訟を行うとして、3つほどオプションがある。

① 　通常民事訴訟としての確認訴訟
② 　実質的当事者訴訟（行訴4条）としての公法上の法律関係に関する確認訴訟
③ 　抗告訴訟としての無効確認訴訟（行訴3条4項）

まず③は、そもそも「処分」等の無効確認訴訟であり、「処分」といえない「行政契約」に適合がない。オプションとして①②という代替手段があるのだから、③を選択する意味がない。

では、①と②、どちらでいくか。実際のところ、民事訴訟手続でも行政事件訴訟手続でも、訴訟手続に関しては、民事訴訟の例によるとされており（行訴7条）、現実的に差異はほとんどない。先に検討した判例に関しても、

〈表3〉　通常民事訴訟と実質的当事者訴訟の比較

訴訟手続	裁判体	受訴裁判所	関係行政庁への拘束力
民事訴訟	単独 or 合議	本庁 or 支部	×
当事者訴訟	合議	本庁	○

　新潟地裁判決（前記①）は行政事件訴訟（事件番号が（行ウ））であるが、福岡高裁判決（前記②）は通常民事訴訟（第1審事件番号が（ワ））である（平成16年の行政事件訴訟法の改正は、実質的当事者訴訟に関して、新たな訴訟類型を認めたものではないが、「公法上の法律関係に関する確認の訴え」が明文化され、その活用が喧伝されたことから、福岡高裁判決は、実質的当事者訴訟を選択したのかもしれない）。ただそうはいっても、実務面および手続面で微妙な差異がある。比較すれば、〈表3〉のとおりである。

　単純化すれば、行政事件訴訟（事件番号が（行○）第000号）であれば、合議事件となる。管轄については本来の管轄が支部管轄であっても、本庁が審理することとなる。判決には、既判力のみならず、関係行政庁も拘束する（行政事件訴訟法41条は、同法33条1項を準用している）拘束力が認められることとなる。

　本件では、拘束力が認められることによる、確認の利益を主張するにあたってのメリット（60頁参照）、合議事件で審理されるメリットがある。本庁管轄となることにより、支部での審理より交通の便が悪くなるというデメリットがあるが、メリットのほうがはるかに大きい。実質的当事者訴訟としての協定書無効確認訴訟で提訴することとする。

　なお、本筋と離れるが、「実質的当事者訴訟としての公法上の法律関係確認訴訟」を単に「確認訴訟」と呼称している例が散見される。もちろん呼称、略称の問題であり、そう目くじらを立てる話ではないが、前記のとおり確認訴訟といっても、民事訴訟のそれ、抗告訴訟としてのそれ、さらには不作為違法確認訴訟（行訴3条5項）のそれがある。「確認訴訟」といってしまうと、

これら4類型のどの確認訴訟なのか、時として判然としないことがある。そこで、それぞれ、

① （実質的）当事者訴訟としての確認訴訟

② 民事訴訟としての確認訴訟

③ 抗告訴訟としての無効等確認訴訟

④ 不作為違法確認訴訟

と呼称することを推奨したい。本書では、特段の断りのない限りこの用語例を用いる。

(5) 訴訟物の範囲

　当事者訴訟として、協定書無効確認訴訟を提訴するとして、協定書全部の無効確認を行う必要があるか。確かに協定書の操業時間規制条項は問題が多いし、直感として違法と思えるが、その他の条項は、それなりに合理性があり、協定書全部に問題があるとは考えていない。甲社の見解も同様である。当方の法律構成として、「紳士協定説からすれば行政契約に法的拘束力は認められない」等という演繹的な主張をするつもりは全くない。法実証主義に照らし、協定書の個々の条項の行政実定法違反等を突いていく主張となる。そうしなければあまりに大上段にかまえすぎの法律構成となってしまい、裁判所が「引く」。協定書の一部無効＝操業時間規制条項（本協定書6条）の無効確認に訴訟物を限定することとする。

3　法律構成

(1) 訴訟要件論──確認の利益

　当事者訴訟としての無効確認訴訟を提起するとなれば、処分性や出訴期間等の処分取消しの訴えにありがちな訴訟要件論は考える必要はないが、確認訴訟である以上、訴訟要件として確認の利益が必要となる。本件では、操業時間規制条項の効力に関し、当事者間に法的な争いがある。そもそも当事者訴訟としての確認訴訟が平成16年行政事件訴訟法改正により明文化されたの

は、処分性を認めがたい行政作用である行政計画、行政指導や行政契約をこ
こに取り込み、救済の拡大を図る立法趣旨によるものである。実質的に行政
契約の効力に争いがあり、原告たる私人サイドがこれにより現実的に一定の
制約を受けている現状があれば、法の趣旨からして、現実問題として確認の
利益が認められないことはないであろう。仮に、本件で確認の利益を認めな
いとしたら、甲社が協定書の効力を争うためには、協定違反を断行して、Y
市から差止請求訴訟なりを受けたうえで、当該訴訟内で協定書の法的効力を
争うしかなくなる。そのような負担を私人サイドに負わせる必要はないし、
そのような事態に至らせないために当事者訴訟としての無効確認訴訟をした
いというのであるから、まさに紛争解決のための即時確定の利益があるとい
える。

　「確認の利益なし」として却下判決がなされるリスクはほぼないだろうが、
被告サイドとしては、必ず「本案前の答弁」として抗弁してくる。一応の備
えとして、一般廃棄物処理施設設置許可証の留意事項を利用することとする。
留意事項は、単なる行政指導にすぎないが、一応、許可証に留意事項として
「協定書遵守」がうたわれている以上、協定書に違反した場合には、許可権
者であるA県知事より廃掃法に基づく何らかの処分を受けるおそれがあり、
それを避けるためには協定書が無効であることの確認を求める利益があると
主張しておけばよいであろう。民事訴訟であれば、既判力は当事者間、甲社
とY市間にしか及ばないので、訴外であるA県知事には関係ないといわれて
しまうが、当事者訴訟とすることにより、判決の効力が関係行政庁にも及ぶ
という拘束力を主張できるため、Y市のそのような主張をブロックできる。

(2)　実体的違法性——無効理由

　この点は2つの問題からなっている。

① 本件協定（操業時間規制）が違法であること

② 違法であるとして、それを契約法理において無効とする理論構成

まず①の点に関して、直感で感じたとおり、廃掃法令上（法律、政令およ

び省令）操業時間は許可要件になっていない。廃掃法8条の2は、許可基準
を定めているが、文言としては、「都道府県知事は、許可の申請が次の各号
のいずれにも適合しているときでなければ許可をしてはならない」であり、
その「各号（廃掃法8条の2第1項1号ないし4号、同各号において委任される
環境省令）」において、操業時間の規制は規定されていない。むしろ、廃掃
法8条の2第4項において、「生活環境の保全上必要な条件を付することが
できる」とし、附款において制限しうる余地を残しているにすぎない。本件
許可にはそのような附款は付されていない。操業時間規制条項は、実質的に
附款を付しているに等しいこととなる。まして、本協定は、一般廃棄物処理
施設設置許可の許可権者であるA県との協定ではない。全く許可権限のない
Y市との協定である。見方によれば、全く法的に権限なき者が、附款を付し
ているに等しい。ただ、そうはいっても、強制的に操業時間を制限されたわ
けではなく、あくまで「合意」のうえで、私人のほうが自ら身を引いた、権
利を放棄したという構造に形式的にはなっている。これこそがまさに、教科
書によくある、法律による行政の原理の脱法化につながりかねないというこ
とであろう。任意の名の下に、法定外の附款を付することができてしまう。
かといって、すべての行政契約を紳士協定といいきってしまうのは実務的で
はない。そもそも行政契約なる行政作用が発展したのは、公害問題の現実に
法規制が追いつかないところを指をくわえてみているわけにもいかず、地域
住民の健康安全を守るという、究極の公益を実現するために考案されたもの
なのであるから。すると問題は、協定締結の「任意性」の問題と協定そのも
のの「合理性」の問題ということになろう。

　学説をみてみると、「事業者の経済的自由の制約をもたらすことになって
も、その同意があるかぎりは、法令の上乗せ・横出し的内容の行為を求めて
も違法にはならず、法的拘束力が発生するのである。その前提としては、(1)
合意の任意性、(2)協定の目的の合理性、(3)手段の合理性、(4)求められる行為
の具体性、(5)履行可能性、(6)強行法規への適合性といったことが、必要とな

ろう」と書いてある（北村喜宣『自治体環境行政法〔第8版〕』68頁）。この要件が認められない場合、法的な効力がどうなるか詳しく書いていないので何ともいえないが、文脈からすれば、その場合は、紳士協定のレベルでしかなく、法的拘束力を認めない趣旨であろうと考えられる。

　一方、前掲福岡高判平成19・3・22は法的拘束力を認めなかった理由として下記①〜④の4点をあげている。

①　公害防止協定は、生活環境の保全という目的のために、あたかも許可条件（附款）と同じか、これに準ずる役割を果たすことになるものと考えられる。

②　協定は、生活環境保全のため締結されるものであるが、施設使用期限条項は、許可を根本的に変容させるものであり、協定の基本的な性格・目的から逸脱するものであって、本来予定されているものではない。

③　施設使用期限条項は、協定の内容としてはふさわしくないものであり、協定の本来的な効力としてはこれを認めることができない。知事の専権に委ねられる事項である。

④　業者としては、変更許可を得るためには協定を締結するほかなく、これを円満に締結するためには施設使用期限条項が盛り込まれることを受け入れるほかないという状況におかれていた。それ以外の選択肢がなかった。

　要は、協定は、附款と同等の役割を果たすが、許可の内容を変質させるものであり知事の権限であって、協定にはなじまない。業者としては、この協定を受け入れざるを得なかった。だから法的拘束力を認めることはできない。という内容であろう。結論において首肯できる。

　これら学説および判例から、本件協定の法的拘束力の有無を検討してみると、先にも述べたとおり、環境保全の達成＝無制限な廃棄物の搬入阻止、通学路の安全確保という目的において、操業時間規制は合理性を有しない。それでは、本件協定が締結されるに至った経緯に問題はないか。B部長は、脅

かされたり物理的に強要されたことはないと話していた。それはさすがにそうであろう。ただ、本協定は処理施設設置許可取得後に締結されたものではない。許可取得後に、つまり業者として、何ら弱み（許可等の交換条件）が存在しない状況で締結されたものであれば、「任意性」を疑わせるに足りる客観的事情はなく、それこそ物理的な強要行為が存在したことを立証せざるを得ない。前掲福岡高判平成19・3・22理由④の「条項が盛り込まれることを受け入れるほかないという状況におかれていた」という要件を認めがたいということである。しかし、本件では、調査の結果、以下の事情が判明した。

　一般廃棄物処理施設設置許可の許可権者は、先のとおり、都道府県知事である。本件許可申請時は、いわゆる地方分権一括法施行以前である。当該許可は、国の事務（機関委任事務）であり、Ａ県の施行条例等は制定されていなかったが、Ａ県廃棄物処理施設の事前協議に関する規程が制定されていた。

　この規程の法的性質であるが、本件許可当時は、一般廃棄物処理施設設置許可は先のとおり自治事務でなく廃掃法は細目事項を条例に授権もしていなかった。したがって地方公共団体に条例等制定権はなく、この規程は条例（自治14条）でも、地方公共団体の長が定める規則（同法15条）でもない。いわゆる「指導要綱（ガイドライン）」とよばれるものである。

　このＡ県廃棄物処理施設の事前協議に関する規程は、【書式3】のとおりである。

【書式3】　Ａ県廃棄物処理施設の事前協議等に関する規程

○Ａ県廃棄物処理施設の事前協議等に関する規程

平成Ｘ年Ｘ月Ｘ日制定

（目的）

第1条　この規程は、廃掃法に基づいて、廃棄物処理施設の設置等に関し、法に定めるもののほか、事前審査等の必要な事項を定め、廃棄物の適正な処理

の推進により、生活環境の保全を図ることを目的とする。

（中略）

（協議対象施設）

第4条　廃棄物処理施設の設置（略）をしようとする者（以下「協議者」という。）は、あらかじめ知事と協議しなければならない。

（中略）

（設置企画書の提出）

第7条　協議者は、以下の事項を記載した設置企画書を設置場所管轄する保健所長に提出しなければならない。（略）

（設置企画書の審査）

第8条　前条の設置企画書の提出を受けた保健所長は、関係市町村長に設置企画書についての意見書の提出を求めるものとする。

2　保健所長は、設置企画書の内容が、第5条に適合し、かつ、関係市町村長の了解が得られたものについて、協議者に対し承認するものとし、事前協議書の提出を指示する。

3　保健所長は、関係市町村長の了解が得られないものについては、協議者に関係市町村長との調整を行うべき事を指示し、協議者が2年以内に関係市町村長との調整結果報告書を提出しない場合は、不承認の通知を行う。

（事前協議書の提出）

第9条　前条第2項の規定により、事前協議書の提出指示を受けた協議者は、以下の事項を記載した事前協議書を保健所を経由して、知事に提出しなければならない。（略）

（中略）

（事前協議書の承認）

第12条　知事は、審査会の報告に基づき、事前協議書の内容が法令及び県の諸規程に照らして相当と認めるときは承認の通知を、不適当と認められるときは不承認の通知を行うものとする。

（中略）

（設置許可申請）

第14条　廃棄物処理施設の設置許可申請は、第12条の承認通知を受けた後に行うものとする。

以上の手続の体系からすれば、設置許可を得るためには、〔図６〕の手続を経なければならず、さらに具体的には、

① 許可申請の前提として、事前協議書の承認が不可欠であり（14条）

② その事前協議書の承認を得るためには、設置企画書の承認が不可欠である（８条２項、９条）。

つまり、最初の手続である設置企画書の承認がなければ、本協定に基づく円滑な許可取得は不可能である。そして、

③ その設置企画書に関しては、関係市町村の了解が得られたものについて、承認するとされ（８条２項）

④ 関係市町村に意見書の提出を求めるものとされている（８条１項）

結局のところ、関係市町村の意見および了解が設置許可の命運を左右するほどの重要な位置を占めている。業者は、関係市町村の意見に従わなければその了解は得られず、設置構想書は承認されず、事前協議書の提出指示もなく、許可申請すらできないからである。

調査の結果、本件では、関係市町村であるＹ市から、「地元住民の意思を踏まえ、また、Ａ県からの指導もあり、操業時間を午前11時から午後３時までとする条項を含んだ環境保全協定を甲会社が締結する事を条件に、設置を了解する」との意見書が提出されていた。

簡潔に整理すると、Ｙ市の意見に従わなければ、許可申請手続が進まず、

〔図６〕 Ａ県における廃棄物処理施設の設置許可手続の流れ

設置企画書の提出、承認
↓
事前協議書の提出、承認
↓
設置許可申請
↓
設置許可

現実的に許可を得ることができない。Y市の意見に従うこと＝本協定を締結することが現実的には許可取得の条件となっていたとも評価できる。協定書の締結を拒めば、現実的に許可は下りないという構造になっている。もちろん、この一連の手続は、法令に定められたものでなく、指導要綱に定められたものにすぎない。業者がこれを遵守しなかったからといって、廃掃法上は何ら問題はない。しかし、本規程に従わず、直ちに許可申請しても許可申請は却下されるか、規程違反を理由に受理しないといわれる蓋然性が高く、義務付けの訴えでも提起しなければ、現実的に許可を取得することはできない。

　前掲福岡高判平成19・3・22理由④にいう、「業者としては、変更許可を得るためには協定を締結するほかなく、これを円滑に締結するためには施設使用期限条項が盛り込まれることを受け入れるほかないという状況に置かれていた。それ以外の選択肢がなかった」という規範に本件も合致する。

　結論として、本件協定は、物理的強制こそないものの、許可申請手続（事前協議手続）の構造からすれば、協定書の締結が強制されているものといえる。そして、操業時間規制は、本来は行政行為の附款（廃掃8条の2第4項）により初めて規制しうる事項であり、許可権者でもないY市と締結する協定書でかかる事項を規制することは許されず、かつ、規制自体に合理性がない。本件協定は、廃掃法に違反し、違法である。

　これで、操業時間規制条項を違法とする一応の法律構成を固める。

　次の問題は、「行政法的に違法である」として、それをどのように契約法理における法律構成に結びつけるかである。簡単にいえば、本件は、「契約」の法形式がとられており、請求は「契約」の無効確認である。「契約」が無効である法律構成は何か。「廃掃法違反であるから契約も無効である」では、あまりに論理の飛躍がありすぎる。前掲福岡高判平成19・3・22は、法的拘束力を否定する判断を示しているが、理論構成は今ひとつ洗練されていない恨みがある。もう少し緻密な理論構成がほしいところである。

　「契約」という法形式がとられている以上、やはり民法理論を持ち込まざ

るを得ないであろう。そうであれば、「錯誤」か「強迫・詐欺取消し」か、「解除権行使」か、「公序良俗違反」等の構成が考えられる。事案にふさわしいのは、強行法規（廃掃法）違反としての「公序良俗違反」であろう。廃掃法が、法律に基づく規制以外は許容していない操業時間規制を協定の方式で行うことは、強行法規違反という理論構成である。加えて、前記のとおり許可申請の手続自体が強制的構造をしており、実質的に意思を強要するものであって、公序良俗違反である。という主張も付け加えることとする。

Ｖ
提訴から第１回口頭弁論期日まで

1　提　訴

　検討した法律構成を基に訴状のドラフトを作成し、訴訟戦術を含めてＢ部長に説明し、社内決裁を経たうえで、OK の返事をもらう。

　早速に提訴手続を進める。

① 被　告

　　契約当事者は、行政主体たるＹ市であるから当然Ｙ市を被告とする。

② 管　轄

　　原告、被告とも住所地はＹ市であり、普通裁判籍はＡ地方裁判所Ｙ支部なのだが、当事者訴訟という行政事件訴訟（事件番号（行ウ）事件）であるから、Ａ地方裁判所に提訴することとする。

③ 訴　額

　　算定不能なので、160万円。

④ 訴状写し

　　正本と被告の数だけの副本を提出すればよいが、合議事件になるため、裁判所要望事項として、写し２部の提出を求めているケースが多いので（東京地方裁判所等）、サービスとして、訴状写し２通も提出する。

　その他特段民事訴訟と変わるところはない。

2　期日指定

　訴状等提出、受理後、1週間ほどで担当書記官から第1回口頭弁論期日の日程調整のための連絡が入る。なるべく早く、1カ月後くらいの期日を希望するが、「行政事件の場合、被告のほうで準備に時間が欲しいとの要望が多いので、1カ月半ほど先の期日にしてください」と言われる。まあ、「原告の請求を棄却する。認否反論は追って主張」との答弁書だけ出されても期日が空転するだけなので、1カ月半後の期日指定を承諾する。

3　答弁書等の提出

　呼出し状に記載されている答弁書提出期限ぴったりに答弁書および証拠が提出された。いつも思うことであるが、行政訴訟事件の被告から提出される準備書面は長く、かつ、微に入り細を穿つ記述が多い。証拠もたいていは大量に、関連する条例や通知、通達、文献、判例等を提出してくる。争点との関係で必要性に疑問を感じるものもある。これらについてどこまで反論するか、悩ましい部分もある。無視するのも危険な気がするし、そうかといってお付き合いすると本筋の争点とはどんどん離れて枝葉末節の不毛な事実の争いや法解釈論に発展してしまう。認否反論は訴訟の進行をみながら考えることとして、被告Y市の反論をまとめれば以下のようなものであった。

①　協定書を締結したのは甲社の自由な意思であり、強要した事実はない。
②　協定書を締結するのが嫌であれば、直ちに異議を述べるべきであったが、それがされてない。真摯な意思により甲社は了解していた。
③　事前手続規程は確かに存在したが、ガイドラインにすぎず、これが不当というのであれば、直ちに許可申請すればよいだけである。
④　地域住民の理解を得るためには操業時間規制は不可欠であって、議会の了承を得るためにも必要であった。合理性がある。
⑤　福岡高裁判決は、許可の本質を変容せしめることを理由としているが、操業時間規制は、許可の本質ではなく、判例の射程に含まれない。

4　第1回口頭弁論期日

　民事訴訟と同じく通常は法廷で開廷される。被告からは、代理人弁護士と指定代理人としてY市職員2名が出頭した。

　訴状陳述、答弁書陳述、証拠調べと通常どおりの手続を経て、裁判長から発言があった。

　「行政契約の効力に関しては、なかなかに熱い争点ですね。藤田宙靖先生などの教科書をみると、消極的な見解などもあるようです。双方、行政契約の効力に関して、それぞれ学説的見地から次回までに主張を行ってください。それと被告ですが、どうも操業時間規制の合理性に関して疑問が残りますので、あわせて次回に主張してください」。悪くない感触である。裁判所も真っ当に向き合って審理してくれるようである。けんもほろろの門前払いをされないでよかったとホッとする。

　裁判長は、行政契約の効力が熱い争点といっていた。参考とした福岡高裁判決の事案も上告しているみたいだから、そのあたりのことをいっているのだろう。

Ⅵ
第2回口頭弁論期日以降

1　第2回口頭弁論期日

　前回の裁判長の示唆に従い、藤田先生の学説を中心に、法実証主義の立場から行政契約において契約としての拘束力を認めうる要件論を構成し、準備書面として提出する。被告からは、「契約説が通説で当然効力が認められる」という何となく紋切り型の主張と、合理性の根拠として、大量の市議会議事録が証拠として提出される。

　第2回口頭弁論期日においては、和解をも視野に入れて、次回以降弁論準備手続を行うこととなった。和解での解決は、そもそも当方の訴訟戦術であったので、これを機に何とかよい解決を図りたいと思う。

2　第1回弁論準備期日

　右陪席裁判官が受命裁判官となった。期日開始早々、受命裁判官より予想外の発言が出される。

　「先生方もご承知と存じますが、つい先日、例の福岡高裁の事件について、最高裁の判断が出ました。当然、当裁判所もその判断に基づいて審理せざるを得ませんので、次回までに原告のほうで公序良俗違反の主張をいただき、被告はそれに反論してください」。いずれ最高裁判所の判断が出されると思っていたが、予想より早い。こちらの裁判の判決のほうが早いと踏んでいたのだが……その最高裁判決自体、今聞いたばかりなので、内容が全くわからないが、有利な感じではなさそうだ。しかし、漠然と公序良俗といわれても、何をどうすればよいのか見当がつかない。

　「裁判官、原告は公序良俗違反の主張はしておりますが、それを補強せよというご趣旨ですか？」。

　「いえ、それはそれでよいのですが、もっといろいろと、具体的な事実関係に関して、公序良俗と考えられる事情を主張してみてください」。

　よくわからない。裁判所もよくわかってないような印象を受ける。

　事務所に戻り、早速最高裁判例検索で調べると、すぐにヒットした。

　最判平成21・7・10判時2058号53頁がそれだ。主文は破棄差戻し。福岡高裁判決がひっくり返った。つまり業者サイドの負けというわけだ。判決理由を要約すれば、「業者が権利を放棄するのは自由で、公害防止協定は、廃掃法に違反しない」というもの。それはそうだろうが、本当に自由な意思に基づくものなのか。そこが問題ではないかと思う。ただ、この判決は破棄自判でなく、破棄差戻しである。なぜ自判しなかったのだろう。判決全文を読むと、最後のほうにこうある「（前略）原審の判示するような理由によって本件期限条項の法的拘束力を否定することはできない（中略）そして、本件期限条項が公序良俗に違反するものであるか否かにつき更に審理を尽くさせるため、本件を原審に差し戻すこととする」。なるほど、廃掃法違反という理

由では法的拘束力を排斥することはできないが、公序良俗違反という私法の条項を通じて、法的拘束力を否定＝無効とする余地を認める判例とも読める。だから、受命裁判官は、公序良俗違反の主張をせよと示唆したわけだ。

　しかし、この場合における公序良俗とは何なのであろうか。おそらく裁判所としても十分に詰めきれていないため、何となく曖昧な物言いをしたのであろうが、単なる民事上の公序良俗（暴利行為や営業自由の過度の制限、射倖行為）とされる事由と同義であるとは思われない。教科書等を読んでみても、行政契約における公序良俗が何を意味するのかは明示したものはない。新たな理論構築が必要であろう。

　公法、私法という演繹的二元論を立てるまでもなく、原則として対等な私人間の法律関係を律する私法規定と、公益実現を究極の目的とし、権力関係を基底におく公法関係を同列に考えることは失当である。最高裁判決がいう、公序良俗違反とは、法律による行政を実質的に潜脱し、脱法行為と評価できるような事情を指すものと考える。さらに具体化すれば、要は、協定書締結に際して業者側の自由な意思を抑圧し、実質的に強制と評価できるような事情の存否ということになろう。とりあえず、そのような事情をピックアップし主張・立証することとするが、いかんせん10年以上前の話であり、記憶も曖昧、証拠も何も散逸しており、正直、弱いと感じる。それを補強する意味で、新たな無効事由として、事情変更の法理に基づく解除の主張を行うこととする。つまり、〔図4〕の地図のとおり、バイパスが新設されたという事情の変更により、通学路の安全確保のために操業時間を規制する根拠はなくなった。それゆえに解除するという理論構成である。そもそも本協定には期限の定めもなく、理論上は、協定書締結時の社会情勢なりに基づく合意内容が永久に効力を有することになる。そのこと自体も合理性を欠くものと思われ、公平の見地からは、事情変更法理を認めるべきということとなろう。

VII
第2回、第3回弁論準備期日（和解）

1　第2回弁論準備期日

　双方、準備書面を提出する。そのうえで、受命裁判官より和解の意向があるか打診される。当方としては、当初の戦術どおりであり、望むところとして、強く和解での解決を希望する。一方、Y市としては、協定書の改定自体を拒むわけではないが、市議会や住民に納得してもらう合理的理由が必要であり、互譲としての和解は無理だという。

　当方からは、「甲社としては、1、2時間でよいから操業時間をのばしてほしい。そのために、Y市から要請があれば、他の分野で、より環境保全のための厳しい条項を盛り込んでもよい」と提案すると、受命裁判官が間をとる形で、「まず甲社さんのほうで、Y市も住民のほうも納得するような和解案を作成し、Y市に提示してみてください。Y市のほうも、一応それをみて、判断してみてはどうですか」と半ば説得され、次回までに当方で和解案を作成し、Y市に検討してもらうこととして、弁論準備を終えた。

　その後、甲社と協議し、可能な限りY市住民にメリットのある、具体的には環境保全基準をより厳しくし、かつ、住民のチェック機能を取り入れた和解案を作成し、Y市に提示する。とはいえ、政治的な問題も絡んでおり、Y市が受諾することは難しいだろうとは予測している。作戦としては、裁判所も納得できるような和解案とすることにより、裁判所からの和解勧告を狙ったものである。

2　第3回弁論準備期日

　当方和解案に対するY市の回答は予想どおり「内容は評価できるが、受け入れがたい」であった。そこで当方より裁判官に切り出す。「この和解案をベースに、裁判所のほうで修正をいただき、裁判所案という形で双方に和解

の勧告をいただけないでしょうか。そうすれば、Y市のほうでも和解という形での解決を受け入れやすくなると思うのですが」。Y市サイドの代理人たちも頷いている。しかし、裁判官の顔色は芳しくない。しばらく和解案を眺めていたが、「特に裁判所のほうから発言することはありません」、とのことであった。請求認容の心証を抱けなかったのであろう。残念であるが、裁判所からの勧告もないということであればY市としても和解での解決は無理とのことであり、弁論準備手続（和解協議）を打ち切る。

　裁判官から、公序良俗違反の立証として、人証申請について聞かれる。この点は証人予定者等を事前に確認したのだが、当時の実務担当者がすでに死亡しており、適格者がいなかった。これも残念であるが、人証申請はしないと回答する。以後の進行として、次回を最終弁論とし、結審の予定となる。

Ⅷ
判決まで

1　第4回口頭弁論期日

　最終弁論期日前に、今までの主張の整理と、補足的主張の準備書面を提出し、被告からもそれに対応する形での準備書面が提出された。

　最終弁論期日を迎え、本日結審の予定であったが、意外にも裁判長より、「もしあれば、さらに公序良俗違反に関する主張・立証を行ってもらったうえで結審したい」との話があり、続行されることとなった。

　次回期日までの間に、甲社に赴き、過去の書類、記録等を徹底的に調査する。しかし、協定書締結前後の記録類は、やはりほとんどなかった。いくつか傍証的なメモ類が発見できたので、それらを基に、補足の主張を組み立て、証拠であるメモ類とともに準備書面を起案して提出する。

2　最終弁論期日～判決

　今度は平穏に最終弁論期日が終了し、約2カ月後を判決言渡し期日として

指定される。

　見通しだが、正直、かなり厳しいと感じる。公序良俗違反として協定書締結時にどのような事情が存在したか、つまり、具体的事実として、強制的な要素があったかなかったかという事実問題が争点となってしまったが、10年以上前の事情であり、詳細な主張・立証ができなかった。甲社にも、厳しい旨の判決見通しを伝え、敗訴の場合、控訴するかどうかも検討しておいてくださいと伝える。

　判決言渡期日。普通は、出頭しないが、さすがに判決を聞きにいく。

　判決は、「原告の請求を棄却する。訴訟費用は原告の負担とする」。無念であるが、敗訴となった。唯一の救いは、確認の利益は認められ、却下判決とならなかったことか。すぐに書記官室に行って判決正本を受領し、判決理由を読んでみる。

　要約すれば、

①　本協定（操業時間規制）は、留意事項にすぎず、条件（附款）またはこれに準じる効力が認められるものではない。また、廃掃法は、業者の操業時間を財産権として特に保障したものと解せず、業者は自由な意思で操業時間を定められるのであって、本協定書は廃掃法に違反しない。

②　公序良俗違反について、認定した事実関係からすれば、原告が協定書を締結するに際し、明示的にこれに異議を唱えたという事情はうかがえず、行政の優越的地位を利用し協定書の締結を強制されたとは認められない。

③　国道N号線バイパスの新設は予見不可能であったとしても、本協定の目的は、通学路の安全確保にとどまらないのであり、契約の本質的要素に関する事情の変更があったとは認められない。

との判断であった。前掲最判平成21・7・10を踏襲した判断である。やむを得ないとも思えるが、公序良俗違反を具体的事実関係としての強制の有無に絞ってしまい、指導要綱を含む、一種の法体系全体が強制の要素を含むもの

であるかについて判断を回避されたきらいがあり、その点について上級審で
争ってみたいと思う。

第2章

許可申請不受理不作為の
違法確認訴訟

I
事案の概要

〈*Case* ②〉

　甲氏は、Ｙ県Ｚ市で、小規模な建築業（内装業）を営んでいる。

　Ｚ市は、大都市の近郊圏に位置するベッドタウンであり、近年都市再開発等が進んでいるが、まだまだ緑も多く、鉄道駅や国道バイパスの周辺を除けば、のどかな田園地帯が広がっている。

　甲氏は、先祖伝来の１反ほど（10アール、991平方メートル）の農地をもっているが、20年以上農地としては使用しておらず、耕作放棄地となっている。甲氏が経営する内装業は、比較的業績がよく、この農地を資材置場として利用しようと思い、農地転用許可（農地４条）申請を行ったが、「必要書類がついていない」との理由で受理できないとの通知を受けた。

　甲氏としては、許可が出る出ないより、許可申請書をきちんと受け取ってもらえず、審理さえされなかったことに強い不満をもち、何らかの形で争いたいと考えている。

　甲氏は、申請手続を行った乙行政書士から、弁護士に相談してはどうかとアドバイスを受け、相談してみることとした。

（なお、本事案は、初版刊行時点（2011年3月）での法令を前提に構成されている。初版刊行時以後、法改正がなされた箇所については、2020年2月現在の法令に基づく脚注を付したので参照されたい。）

Ⅱ
注視すべき点

〈*Case*②〉における、注視すべき点は、以下の4点である。

①　実務における委任命令（政令、省令）の重要性

②　第三者機関を経由する申請手続の問題点

③　処分の発見

④　申請書の返戻行為の評価

Ⅲ
甲氏と弁護士の相談記録

1　相談の端緒

乙行政書士から弁護士宛ての電子メールは、以下のとおりである。

「お世話になります。例の件ではいろいろありがとうございました。よい方向に向かっているようです。

さて、また別件で先生にご相談したい件があります。農転がらみの問題なのですが、一度、ご相談に乗っていただけますでしょうか。ご相談したい方は甲さんとおっしゃいます。よろしければ直接ご連絡を差し上げます」。

事案はわからないが、農転がらみ、許可がらみで、行政事件訴訟に発展しそうである。早速に乙行政書士に了解の旨の電子メールを返信し、甲氏と会うことにする。

2　相談内容の概要（甲氏の陳述書）

甲氏と面談し、あらかたの事情を聴取し、早速に陳述書にまとめた。【書

式4】は甲氏の陳述書である。

【書式4】　陳述書（*Case* ②）

陳　述　書

平成X年X月X日

　○○弁護士　殿

甲　　印

1　私は、Z市に農地を所有しています。20年以上前に父から相続した土地で、登記上の地目は「畑」となっています。先代の父も、専業農家ではなく、また、わずか1反ほどの土地ですから、営農することはなく、父は個人的な趣味として家庭菜園などを作ってキュウリやトマトを作っていました。その父も亡くなり、私の代になってからは、家庭菜園も止め、ほかに使い道も無かったことから、なんの手入れもせず、現況は草ぼうぼうのただの荒れ地になっています。売ることも考えたのですが、先祖伝来の土地ですし、私の方で何とか有効利用しようと考えていましたが、使い道が無く、20年間全く放置しておりました。

2　私は、内装業を営んでいるのですが、おかげさまで経営は順調です。自宅を事務所兼仕事場としていたのですが、仕事も増えてきて手狭になったことから、この農地を資材置き場にしようと思い立ちました。

　　ただ、農地ですから、資材置き場にするには転用の許可を受ける必要があります。そこで、行政書士の乙先生に、その手続をお願いしました。私は、詳しいことは分からないのですが、乙先生からは、「許可要件を満たさないので難しい」と言われましたが、やってみなければ分からないというのが私の主義ですので、「無駄でも良いから」と申請をお願いしました。

3　乙先生が、Z市農業委員会に転用許可申請書を提出したところ、1週間ほど経って、このような文書（別紙）と共に申請書一式が返送されてきました。

　　私は、それを聴いて、はじめは「ああ、許可が通らなかったのだなあ」と思い、納得していたのですが、乙先生から法律上の許可権者はY知事であると聞いて、「あれ」と思い納得がいかなくなりました。

　　　申請書はＺ市農業委員会に出して、Ｚ市農業委員会がダメと言ったのです。
　　おかしいですよね。Ｙ県知事が許可するのではないですか？　きちんと県知
　　事の所まで書類が渡っていて判断して貰ったなら仕方ないと思いますが、要
　　は、途中で握りつぶされたとしか思えません。こんな事許せません。おかし
　　いです。
　4　許可の問題はそれはそれで別途考えますが、義憤といいますか、こんな申
　　請を握り潰される状態で泣き寝入りすることは私の信条に反します。裁判で
　　争い、非を認めさせたいです。
　　　そこで、乙先生に、弁護士さんの紹介をお願いしました。

（別紙）

　　　　　　　　　　　　　　　　　　　　　　　　　Ｚ農発第○○号
　　　　　　　　　　　　　　　　　　　　　　平成 XX 年 XX 月 XX 日
　　甲　殿
　　　　　　　　　　　　　　　　　　　　　　　　　Ｚ市農業委員会

農地法第4条の規定による許可申請書について（通知）

　平成 XX 年 XX 月 XX 日付けで提出のあった、「農地法第4条の規定による
許可申請書」については、下記の理由により受理できない旨を通知します。
　　　　　　　　　　　　　　　　記
1．申請地

所　在　地	地　目	地積（平方）	申請目的
Ｚ市……	畑	110m^2	資材置き場へ の転用

2．受理できない旨の理由
　　許可申請書には、農地法施行規則第4条[1]及びＹ県が定めた「農地等転用関
　係事務処理要領」に定める下記書類が添付されておりません。
　①　農用地除外証明書
3．農地の区分について　甲種農地

1　現30条。

3　依頼内容の確認

弁護士「確かにおかしな話ですね。後で農地法を精査して、法的問題点を調べますが、甲さんとしては、裁判で争うという意向でよいわけですね。それなりに費用がかかりますが……」

甲　氏「何百万円もかかります？　そんなにはかからないですか、そうであればぜひお願いしたいです」

弁護士「わかりました。しかし、裁判となると、ざっと考えられるのは、門前払いしたことは違法であることを確認するとか、ちょっと難しくなりますが、門前払いした行為を『処分』ととらえて、その取消しの裁判をするかということになります。許可を出させる裁判というのは難しいですけれど」

甲　氏「先生は裁判したくないのですか？　めんどくさいですか？」

弁護士「とんでもない。誤解をおそれずにいえば、こんなに面白い裁判はないですよ。行政のおかしな点を是正する。それも弁護士の使命と思っていますから。ただ、私はそれでよいのですが、甲さんには、許可取得という意味では実益がないのです。それにもかかわらず費用を出させても申しわけないと思い確認しているのです」

甲　氏「それはありがとうございます。私は自分なりの正義を貫きたいと思って裁判するわけです。許可のことはそれはそれでまた考えますから、お気遣いなく、ぜひ先生のお考えで、裁判してください」

弁護士「わかりました。意気に感じ入りました。ぜひとも勝ちにいきましょう」

Ⅳ
弁護士の検討

1　直感その1（弁護士のつぶやき）

　これは法的に面白い。損得を考えないで純粋に行政法的な白黒を考えることができる。行政事件訴訟には、多かれ少なかれ違法行為の是正訴訟としての一面があるが、これはまさにそれのみを純粋に追求できる案件だ。

　さて、農地法の細かい勉強は後にするとしても、農地の転用、つまり農地を農地以外の、宅地とか資材置き場にするには、転用許可が必要であることはよくわかっている。行政法の教科書にも必ず「講学上の認可」として説明されている。しかし、このときの許可権者は、農林水産大臣とか都道府県知事ではないだろうか。地方分権一括法でひょっとしたらさらに権限が委譲されている可能性はあるが、せいぜい市長とかであろう。

　行政法学的常識から考えて、大臣とか知事の独任型の機関が有していた権限が、いかに地方への権限委譲とはいえ、合議機関である農業委員会に委譲されるということはちょっと考えられない。農地法を六法で紐解いてみると、自分で農地を農地以外のものに転用する自己転用の場合、農地法4条で許可が必要なことが規定されている。農地法4条も行政実定法のご多分に漏れず、カッコ書きや政令への委任が多くて一読して理解するのは難しいが、農地が4ヘクタールを超える場合は農林水産大臣、超えない場合は、都道府県知事の許可と書いてある。[2]甲さんは1反＝約10アールしか所有していないのだから、Y県知事が許可権者であるはず。農地法という法律上、農業委員会が4条の許可について判断できるとはどこにも規定されていない。

　そもそも、なぜ農業委員会に申請書を提出したのだろうか。ガイドライン

2　4条の農地転用許可権者は、現行法では、農地の規模にかかわらず原則として都道府県知事となり、例外として農林水産大臣が指定する市町村にあっては、指定市町村の長となる（現4条1項）。

等の指導要綱が規定しているというのであれば、任意に従ったこちらが悪いとされてしまう。乙先生もきちんと申請しているだろうから、おそらく政令なりに規定があるのだろう。そのあたりの手続関係を中心に農地法を勉強するとして、これはどういう類型で争うか。Z市農業委員会が許可権者ではない以上、申請書を返戻した行為を「拒否処分」と考えて処分取消しの訴えを提起することは基本的に難しいだろう。とはいえ、Z市農業委員会が【書式4】（別紙）のような文書を出していることは気に触る。これは拒否処分通知書みたいなものではなかろうか。

とりあえず、農地法を精査しつつ、処分性を認めさせる方向性に合致する判例があるかそこの検討をしてみよう。

2 農地法の構造

農地（現況が耕作の用に供されているもの）は自由に売買したり、その用途を変更することができない。優良農地の確保と農業の効率化（集約化）の見地から、

① 農地を他人に譲渡したり、貸したりする場合

② 自分が所有する農地を自分が使用する目的で転用する場合（転用とは、農地を農地以外のものにする場合であり、たとえば、田を宅地にするような場合がこれに当たる。省略して「農転」ともいう）

③ 農地の転用を目的として農地を他人に譲渡したり貸したりする場合

これらの場合には、原則として農地法に定める許可が必要となる。

「原則として」というのは、農地法は、許可不要の場合の適用除外を各種定めているためである（農地4条1項1号～7号[3]）。一番重要なのは同法4条1項7号[4]で、都市計画法に定める市街化区域にある農地の場合、許可は不要で届出だけで済む。これは実務上おぼえておいて損はない。

---

3 現9号。

4 現8号。

　許可が必要な場合、具体的には、前記①の農地の移転、権利設定を行う場合は農地法３条に定める許可が（３条許可という）、前記②の農地転用の場合は同法４条に定める許可が（４条許可という）、前記③の農地転用の場合は同法５条に定める許可が（５条許可という）それぞれ必要となる。

　４条許可の場合の許可権者は、４ヘクタールを超えない農地の場合、原則として都道府県知事（ただし、当該都道府県のいわゆる分権条例により市町村長に権限が委譲されている場合は市町村長）となり、例外として４ヘクタールを超える場合は、農林水産大臣となる。[5]

　甲さんの農地は、10アールにすぎず、４ヘクタール以下であるから自己転用（農転）の許可申請をする場合の許可権者はＹ県知事ということになる。農地法４条１項[6]を精査すると、「農地を農地以外のものにする者は、<u>政令で定めるところ</u>により、都道府県知事の許可（中略）を受けなければならない」（下線部は筆者）と規定されている。政令（農地法施行令）によれば、同令７条１項により、「農業委員会を経由して、都道府県知事に提出しなければならない」と規定されている。これが、県知事が許可権者であるにもかかわらず、農業委員会に申請書を提出しなければならない法的根拠になる。

　さらに、農地法施行令７条２項は、「前項本文の場合には、第３条第２項から第４項までの規定を準用する」と規定する。そこで同令３条２項をみると、「農業委員会は、（中略）申請書の提出があったときは、農林水産省令で

5　前掲注１参照。

6　本文で記載した農地法、同法施行令、同法施行規則は、現行法では、以下のとおり改正されている。

　① 　農地法４条２項「前項の許可を受けようとする者は、農林水産省令で定めるところにより、農林水産省令で定める事項を記載した申請書を、<u>農業委員会を経由して</u>、都道府県知事等に提出しなければならない。」

　② 　同条３項「農業委員会は、前項の規定により申請書の提出があったときは、農林水産省令で定める期間内に、当該申請書に意見を付して、都道府県知事等に送付しなければならない。」

　③ 　農地法施行規則32条「法第４条３項の農林水産省令で定める期間は、申請書の提出があった日の翌日から起算して40日（略）とする。」

　④ 　旧農地法施行令３条３項に相当する規定は削除された。

〔図7〕　農転許可申請の構造

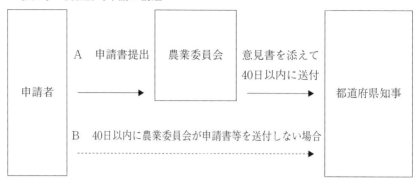

A　申請者から農業委員会が申請を受けた場合、40日以内に意見書を添えて、許可権者たる都道府県知事に送付しなければならない。

B　しかし、農業委員会が40日以内に送付しなかった場合は、申請者は直ちに都道府県知事に申請できる。

定める期間内に、当該申請書に意見を付して、都道府県知事に送付しなければならない」と規定され、同条3項は、「前項の農林水産省令で定める期間内に都道府県知事に送付しなかったときは（中略）農業委員会を経由しないで、都道府県知事に申請書を提出することができる」と規定されている。ここでまた「農林水産省令」が出てくる。農林水産省令とは、農地法施行規則であるが、同規則12条に、「農林水産省令で定める期間は（中略）40日とする」と規定されている。

　さながら行政命令（政令、省令）のジャングルを掻き分けるようだが、本件に関連することだけを集約すれば単純で、〔図7〕のとおりである（なお、詳しくは、野村創『農地移転・権利設定・転用手続をめぐる許認可手続』（山下清兵衛編集代表『行政許認可手続と紛争解決の実務と書式』420頁以下参照）。

　では、農業委員会とはいかなる機関かといえば、農業委員会等に関する法律に基づき、市町村におかれた合議制の行政庁である（農業委員会に関する法律3条～6条）。都道府県知事の下級機関でもなければ、市町村の一部局でもない。これらとは全く独立した行政庁である。

　4条許可申請に関する農地法令（法律、政令および省令）構造を単純化すれば、第三者機関である農業委員会を経由して許可権者に申請する構造となっている（特に珍しいことでもなく、一般に、第三者機関を経由しての申請等といわれる[7]）。

3　直感その2（弁護士の再考）

　政令・省令（農地法施行令、施行規則）によれば、農業委員会は申請書を受け取ってから40日以内に都道府県知事に申請書を送付する義務がある。それは、農地法施行令3条2項が「……送付しなければならない」と明文で義務化していることから明らかである。甲氏が申請してからすでに40日以上経過している。それどころか、ご丁寧に「受理しない」とする通知書（【書式4】（別紙））まで送られているのだから、Z市農業委員会がY県知事に送付する意思がないことは明確といえる。そうであるとすれば、この問題は、単純化すれば

　①　　Z市の申請握りつぶし＝不作為ととらえる
　②　　Z市による申請意思の排斥＝拒否処分ととらえる
のいずれかの見方ができる。

　しかし問題は法的な説明方法だ。仮に②の実態としての拒否処分ととらえ

〔図8〕　組織法的にみた申請構造

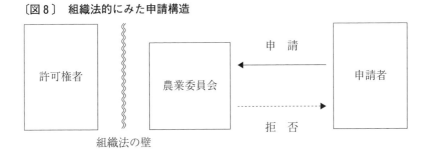

　7　現行法では〔図7〕B（直接申請規定）に相当する規定はない（前掲注6④）。

〔図9〕　農地法体系の実態に即した申請構造

られるとしても、対外的につまり甲氏に「受理しない」＝「許可しない」と意思表示したのはZ市農業委員会である。Z市農業委員会はY県知事とは独立した行政庁で、たとえばY県農業部長のような県知事を補助する補助機関でも、指揮命令関係にある下級機関でもない。法学的に、Z市農業委員会の意思の表示をY県知事の意思と同価値に考えることはできない。Z市農業委員会の受領拒否の意思表示を「拒否処分」ととらえ「処分性」を認めさせることは難しいだろう。しかし、農地法令という法体系からみた場合、農業委員会の役割とは端的にいえば申請書に意見を添えて40日以内に都道府県知事に送ることのみである。その意見は都道府県知事を法的に拘束しない（そのような規定は存在しない）。だとすれば、単なるアドバイスもできる運送機関以外の何ものでもなく、都道府県知事の単なる手足、一機関とみることもできる。いや、そういう見方が実態に即している。ただし行政組織法的にそのような実態論のみを押し通すのは難しいだろう。少なくとも裁判官がその理屈だけでは納得しないだろう。判例がなければ説得は難しい。その方向性で判例がないか、チェックしよう。

　①の不作為構成だが、これだと訴訟類型としては、不作為の違法確認の訴え（行訴3条5項）がぴったりとくる。ただ、この類型だと、違法を確認することで終わってしまう。もっとも甲氏の意向からすればそれはそれでOKではある。不作為ととらえた場合の法的問題は、Y県知事には何の不作為もないという点だ。申請書がY県知事に届いているのに県知事が何もしなけれ

ば、できるのにしなかったわけで、素朴にけしからん。しかし、このケースではY県知事に申請書が届いていない。Z市農業委員会が甲氏に返してしまったからである。そうすると、そもそも何も知らないY県知事が何もしないということが不作為といえるのか。見たことも聞いたこともないことに対応できるわけがないのだから作為義務が発生するわけがない。この観点からすればY県知事を責めるのは可哀想である。では、Z市農業委員会に不作為があるかといえば、農業委員会には何ら許可権限はなく、しかも独立した行政庁だというのだから、甲氏の申請に対して答える義務はない。というよりそんな権限はない。そうすると法的に不作為はない。「Y県知事に不作為がある」、というためには農地法令の法体系からみて、農業委員会が申請書を受け取った以上、県知事には申請応答義務が発生すると考えるしかない。

4　判例の検討

　早速にアタリを付けた第三者機関を経由した許可申請に関する判例を調べる。すぐに、事案相当（法改正はされているが）の判例がみつかる。

○名古屋高等裁判所金沢支部平成元年1月23日判決（昭和63年（行コ）第1号行裁集40巻1・2号15頁）〔不作為違法確認請求控訴事件〕

〈事案〉

　原告が農地法4条の転用許可後の事業計画変更申請書を農業委員会に提出（農業委員会を経由して知事に）したが、農業委員会は「関係書類を返戻する」旨通知し、原告に申請書類等を返戻した。

　原告はこれを不服とし、農業委員会が知事に申請書等を進達せず、返戻した点を不作為ととらえ、農業委員会を被告とする不作為の違法確認の訴えを提起した。1審は原告敗訴、これを不服として原告は控訴を提起した。

〈判決〉

① 　農業委員会は独立の行政処分をする権限を有するものではなく、農
業委員会の受理、審査、意見書の作成、知事への進達は知事の一機構
としての行為というべきであるから、同進達は行政機関相互間の行為
にすぎず、国民の権利義務を形成し、または確定する効力を有する行
政処分とはいえない。

② 　したがって、控訴人らが被控訴人委員会（農業委員会のこと）に対
してした本件事業計画変更承認申請について、あらためて知事に対し
直接申請書を提出することなく、同被控訴人が何らの処分をしないこ
とが違法であると主張するならば、知事を被告とすべきであり、同被
控訴人は被告適格を有しない。また、同被控訴人自身の不作為の違法
を主張するのであれば、同被控訴人が知事に申請書を進達する行為は
行政処分といえないから、訴訟要件を欠く。

　非常に興味深い判例である。

　この事件では、原告（控訴人）は、農業委員会を被告として、農業委員会
が知事に申請書を進達しなかったこと（原告に返戻してしまったこと）を不作
為ととらえ、その違法性を問うている。素朴に考えれば、「何もしなかった」
のは農業委員会であり、当然被告としたくなるであろう。しかし判決の①の
理屈は、農業委員会が知事に申請書を進達する行為は、行政の内部行為にす
ぎない。だから処分性がなく、不作為の違法確認の訴えの要件である「何ら
かの処分」（行訴3条5項）に該当しないというものである。〔図10〕のとお
り対外的行為ではないという理屈だ。

　行政法学的に考えれば、判断として相当であると思う。

　興味深いのは判決の②である。この部分は、判決の傍論という位置づけに
なろうが、申請の経由機関が申請の握りつぶしをした場合、許可権者を被告
として不作為の違法確認ができる余地を認めている点である。確かに、この
判決が判示するとおり、「農業委員会の受理、審査、意見書の作成、知事へ

〔図10〕　名古屋高金沢支判平成元・1・23の判決構造

の進達は知事の一機構としての行為」と考えるのであれば、つまり〔図10〕のとおり知事と農業委員会が一体であると考えれば、農業委員会が進達した云々の問題ではなく、申請に対し、農業委員会＝知事が、何ら応答しないという行為（？）自体そのものが問題であり、知事の不作為ととらえることができる。さらにこの理屈を推し進めれば、直感で感じたとおり、Ｚ市農業委員会が行った受理しない旨の通知（意思表示）も知事の一機構が行った行為であり、知事の拒否処分ととらえることもできる。

　少なくともこの判例による限り、知事を被告として不作為の違法確認の訴えを提起すれば認容される蓋然性は高いといえる。この判例を主軸に主張を組み立てることとする。

5　法的手段の検討

(1)　訴訟形態の選択

　前掲名古屋高金沢支判平成元・1・23を基礎に、Ｙ県知事を被告とし、Ｚ市農業委員会が申請書を返戻した行為をＹ県知事の不作為（申請に対し応答しない）ととらえ、不作為の違法確認の訴えを主軸におく。おそらくこの部分では勝てるだろうと思う。

　これだけで訴訟としては完結しているが、いくつかの不安要素と疑念があ

る。列挙すれば、

①　前掲名古屋高金沢支判で、知事を被告とすべし、との判断はあるが、最高裁判決でもなく、まして ratio decidendai でもない。前掲判決は理屈はとおっており、ごもっとも、と思えるのだが、Ｙ県知事は、申請書の「し」の字も知らない（Ｚ市農業委員会が申請書を送付しなかったから）。現実問題としては、何も知らないＹ県知事に、申請に対する応答義務があるといえるのか。申請に対する応答義務があるからこそ不作為が違法と評価されるわけであって（刑法の不作為犯とパラレルに考えられたい）、応答義務以前に、その応答義務を基礎づけるところの前提事実（申請がされている）すら知らないＹ県知事に応答義務あり、と評価することは実態にそぐわず、裁判所が受け入れるか、不安がある。

②　Ｚ市農業委員会は、単に何もしなかったのではなく、「受理しない」という意思表示をしている。経由機関にすぎないものが受理しないと明言している以上、申請が許可されるわけもなく、これも実態としてみれば何の権限もない農業委員会が実質的に許可権限をもっているに等しい状況が現出されている。誰も表だって問題にしないだけで、このようなケースは、暗数として相当埋もれているのではないか。これをそのまま見過ごしてよいのか。

以上の2点から、あくまで補助、予備として、Ｚ市農業委員会の「受理しない」という通知をＹ県知事の拒否処分ととらえ、処分取消しの訴えをあわせて提起することとする。

(2)　2つの訴訟の取扱い

Ｙ県知事を被告に、

①　不作為の違法確認の訴え

②　処分取消しの訴え

の2件の訴訟形態でいくとして、この2件は、別訴で処理すべきものか。それとも併合請求できるのか。訴訟経済の観点からして、1件の事件として、

すなわち併合請求で行いたい。

　行政事件訴訟法16条１項は、「取消訴訟には、関連請求に係る訴えを併合することができる」と規定しており、関連請求であれば客観的併合は認められる。関連請求とは何かといえば、同法13条１号から６号までに規定されているのだが、「不作為の違法確認の請求」的な明文はない。強いていえば、同条６号の「その他当該処分（中略）の取消しの請求と関連する請求」に該当するであろうか。念のため判例を調べてみると、仙台地判平成10・1・27判タ994号132頁は、処分取消しの訴えと不作為の違法確認の訴えの予備的併合を認めている。

　予備的併合として、１事件で提起することとする。

　さて、請求としては、処分取消しと不作為の違法確認であるから、択一的関係にあり、真の意味の予備的併合となる（主位的請求が認められれば、予備的請求は論理的に排斥され、判断する必要がない）。処分取消しと不作為の違法確認のどちらを主位的請求にするか。心の中での主攻は不作為の違法確認であり、勝ちやすいと考えているのだから、これを主位的請求にするのが筋であろう。しかしそうすると、主位的請求で勝ってしまったら予備的請求は一切判断されないで終わりとなる。その可能性が高いと考えられる。それではわざわざ処分取消しの訴えを併合提起した意味がない。主位的請求は、処分取消しの訴えとし、勝ち負けいずれにせよ判断してもらい、予備的請求の不作為の違法確認で勝たせてもらう。そのような戦術でいくこととする。

(3)　審査請求（不服申立て）前置主義

　一応の訴訟の構成が固まり、訴状起案を始めることにするが、何か忘れている気がする。今一度見落としがないか確認する。

　まずは訴訟要件である、管轄、原告適格、被告主体、処分性、確認の利益、出訴期間などの基本要件を見直してみる。自問自答で進めるが、どれも問題ない。出訴期間に差しかかり自問自答してみると、

　心の声Ａ「出訴期間は、３カ月ではないか？」

　心の声B「馬鹿をいえ、改正法で6カ月だろう」

　心の声A「法改正に関する経過措置等で盲点はないか？」

　心の声B「附則を確認したがクリア。問題なし」

　心の声A「だとすると、不受理通知が届いてからまだ2週間しか経っていない。大丈夫だな」

　第三の声「そういえば、改正法で出訴期間は延びたけど、行政不服審査法の審査請求とかの請求期間も伸びたんだったけかなあ？」

　心の声A、B「審査請求前置主義!!」

　いうまでもないが、行政事件訴訟法は、自由選択主義（審査請求をするか、それを経ることなく直ちに訴訟提起するかを自由に選択できる制度。訴訟提起にあたり、審査請求を経由することを強制しない主義）を採用している（行訴8条1項本文）。例外として、法律に定めがある場合には、審査請求に対する裁決を経なければ、処分取消しの訴えを提起できない（同項ただし書）。

　このように、原則—自由選択主義、例外—審査請求前置主義という建前となっているが、法律で審査請求前置主義を採用している例が極めて多く、原則と例外は逆転していると考えるのが実務である。

　この要件、すなわち、審査請求を備忘して提訴した場合、訴訟要件を欠くとして却下判決となる。このような場合で仮に却下となっても、まだ審査請求期間が残っていれば、審査請求して、再度提訴してという処理も考えられるが、理屈の上だけの話で、現実には、却下判決が出された時点（あるいは審理途中）で審査請求期間が満了しているのが普通であり、残念な結果となってしまう。

　早速に根拠となる実定法である農地法を精読する。余談であるが、行政実定法の構成は大体同じような構造をしており、審査請求前置主義に関する定めなどは、法典の最後のほうである「補則」や「雑則」の章に規定されているケースがほとんどである。行政実定法の構造をある程度把握していると、初見の法律であっても大体どこに何が規定されているかあたりをつけられる

ので、作業時間の大幅な短縮に利する。そのようなわけで農地法第5章雑則をみてみると、やはり審査請求（不服申立て）前置主義が規定されていた。54条である。[8]

　「この法律に基づく処分（中略）の取消しの訴えは、当該処分についての審査請求又は異議申立てに対する裁決又は決定を経た後でなければ、提起することができない」（農地54条）。

　行政事件訴訟法は、「審査請求」のみの前置を規定するが、農地法では、「審査請求」のみならず「異議申立て」の前置も要求している。したがって、審査請求前置主義ではなく不服申立前置主義というのが正確であろう。

　農地法が不服申立前置主義を採用し、当方の訴訟戦術として処分取消しの訴えを予定している以上、提訴以前に何らかの不服申立てを行い、その裁決か決定を得ておかなければ、前記のとおり、却下判決は免れず、訴訟提起した意味がなくなるところであり、危ないところであった。

　「ノーマルな処分取消しの訴え」というか、「処分」≒「講学上の行政行為」であれば、拒否処分を含む処分時に教示（行審57条）がなされるので、不服申立てのことが明瞭に意識されるのであるが、いわゆる典型的な（ノーマルな）「処分」を争うのではなく、処分性を拡張させる見地で処分取消しの訴えを提起する場合、その前提たる「処分性が疑われる行政の行為」については、行政不服審査法57条の教示がされない（理由はいうまでもなく、行為した行政庁自身が同法の対象となる「処分」と考えていないのであるから、同法57条に定める「教示」の必要なしと考えるからである）。したがって、審査請求前置主義をどうしても等閑視しがちになる。「処分性の拡大」で勝負する場合に注意しなければならない点である。

8　平成26年の行政不服審査法改正（以下、「現行行審法」という）に伴い、審査請求前置（不服申立て前置）を定めた農地法54条は削除された。現行法では、直ちに訴訟提起をすることも可能である。

V
不服申立て

1　不服申立ての概要

　農地法が不服申立前置主義（同法54条）を採用していることから、不服申立てを行わなければならない（平成26年の行政不服審査法改正に伴い、審査請求前置（不服申立て前置）を定めた農地法54条は削除された。現行法では、直ちに訴訟提起をすることも可能である）。では、誰にどのような（審査請求 or 異議申立て）不服申立てを行うべきなのか、教示（行審57条）がなされていないため、これも法令を研究して、自分で結論を出すしかない。

　行政不服審査法では、原則として審査請求中心主義が採用されており（同法5条、6条）、[9]

① 処分庁に上級行政庁があるか法律に審査請求ができる旨の定めがある場合は、審査請求（行審5条）

② 審査請求ができないときまたは法律に異議申立てができる旨の規定がある場合は、異議申立て（行審6条）

という定めになっている。一読すれば簡単なようにみえるが、いわゆる地方分権一括法により、権限が委譲された結果、地方自治法に特例措置がおかれている場合が多く、上級庁と下級庁の関係がわかりづらくなっており、十分な検討が必要となっている。

　以下に農地法における不服申立制度の説明をまとめる。

2　農地法に関連する不服申立ての概要

　農転許可の許可権者は、原則として都道府県知事である。

　そしてこれは、地方分権一括法により、地方公共団体固有の事務となって

9　現行行審法では異議申立ては廃止されている（第1編第4章Ⅰ参照）。以下の記述は改正前の規定に基づく。

いる。そうであれば、農転許可処分に上級庁は存在せず、行政不服審査法6条1号の原則では不服申立てとしては、異議申立てということになる。

ところがややこしいことに、行政不服審査法5条1項2号の「法律に審査請求できる特別の定め」が存在するのである。

地方自治法255条の2である。

要旨をまとめれば、法定受託事務に係る処分等に不服がある者は、その処分等が都道府県知事の処分である場合は、所管する大臣に審査請求できるということになる。

ややこしいが、Ｙ県知事の農転許可処分が、法定受託事務であれば、農林水産大臣に審査請求を行い、そうでなければ（自治事務であれば）Ｙ県知事に異議申立てを行うこととなる。

では農転許可は法定受託事務なのか。これは地方自治法の別表1および同2をみて該当するかチェックすることとなる（自治2条9項）。この別表1と

〈表4〉　農転の許可権者と法定受託事務の関係

処　分　庁	許可内容	事務区分	根拠条文 （農地法）
都道府県知事	2 ha を超えて 4 ha 以下の農地転用許可	1号法定受託事務	63条1項
	2 ha 以下の農地転用許可	自治事務	同上
	耕作目的の農地の権利移動	1号法定受託事務	同上
農業委員会	2 ha を超える農地転用届出受理	1号法定受託事務	63条2項
	2 ha 以下の農地転用届出受理	2号法定受託事務	同上
	耕作目的の農地の権利移動	1号法定受託事務	63条1項

（宮﨑直己『農地法概説』90頁の表より作成。現行法では改正されている）

〈表5〉　法定受託事務と地方自治法255条の2による不服申立て（改正前）に関する特例

処　分　庁	転用面積	事務区分	不服申立種別	再審査請求
農林水産大臣	4 ha を超える		異議申立て	×
都道府県知事	2 ha を超えて4 ha 以下	1号法定受託事務	審査請求農林水産大臣	×
	2 ha 以下	自治事務	異議申立て	×
市町村長	分権条例による	委譲を受けた事務による	審査請求都道府県知事	○農林水産大臣

2はコピーしておき、行政事件訴訟関係の相談があった場合にすぐに使えるようにしておくと便宜である。

　この別表（自治2条9項）による許可権者と法定受託事務の関係をまとめたものが〈表4〉である。

　転用面積が2ヘクタールを超え4ヘクタール以下の農転許可の場合、1号法定受託事務となり、地方自治法255条の2第1号により、農林水産大臣に審査請求ができる。逆にいえば、都道府県知事に対する異議申立ては不適法となる。

　4ヘクタールを超える農転許可の場合は、農林水産大臣が許可権者となり、上級庁が存在しないから、異議申立てによる。

　いわゆる分権条例（自治252条の17の2）により、農転許可権限が市町村長に委譲されている場合、審査請求は都道府県知事に行うこととなる（同法255条の2第2号）。この場合、権限が市町村長に委譲されていない場合との均衡から（権限委譲がなければ、本来は農林水産大臣に審査請求できるはずである）、特例として、審査請求の裁決に対し、農林水産大臣に対し再審査請求ができる[10]（同法252条の17の4第3項）[11]。

　法定受託事務の関係と地方自治法255条の2による不服申立てに関する特例を〈表5〉に整理した。

　本ケースでは、甲氏の農地は10アールにすぎず、2ヘクタール以下である。したがって、単なる自治事務であり、農林水産大臣への審査請求はできない。Y県知事に対し、異議申立てを行うこととなる。

3　異議申立て[12]

　異議申立書を起案し、Y県知事宛てに異議申立書を配達証明付きで郵送する。Y県知事から「受け取っていない」、「受理していない」と主張されるのを防ぐためである。

　異議申立書自体の起案は、難しいことではない。書式のみ異議申立書の記載例（法定記載事項）に合わせて、実質的な内容は、訴状における請求の原因と同じ内容を書けばよい。結論として、「処分性がなく不適法であり却下」との決定がなされることはほぼ明らかである。その意味で何とも無意味な手続に思える。早めに決定を出してくれることを祈る。もっとも、行政事件訴訟法8条1項2号により、3カ月以内に決定が出なければ、直ちに訴訟提起できるので、不作為による握りつぶしのような恐ろしさはないが。

　異議申立てから2カ月ほど経って、Y県から異議申立てに対する決定が送付されてきた。内容はみるまでもないのだが、一応確認してみると、処分性がなく不適法、却下（行審47条1項）、とのことである。これだけのために2カ月もかかるものであろうか。訴訟要件を調えるためだけの手続に2カ月もかけてしまったが、これで訴訟要件が調った。

10　前掲注1で述べたとおり、現行法では農地転用許可の許可権者は、農地の規模にかかわらず原則として都道府県知事である。また、1号法定受託事務となるのは、4ヘクタールを超える農地転用である（農地法63条1項2号）。
11　現4項。
12　前掲注9のとおり、現行行審法では廃止されている。

VI
訴訟提起

1　訴状作成

先に提出した異議申立書を流用しつつ、訴状を起案する。

本件における請求は、

① （主位的請求）処分取消しの訴え

② （予備的請求）不作為の違法確認の訴え

であり、それに合わせて請求の趣旨を書く（【書式5】訴状例参照）。

請求の原因として、前記①と②の請求の趣旨ごとに分けて、

①の請求原因

ⓐ　訴訟要件

処分性が認められるべきことおよび不服申立て前置主義が満たされ
ていること

ⓑ　実体的違法

処分を排斥したことの違法性の主張

②の請求原因

ⓐ　法令に基づく申請に対し、相当期間内に何らの処分をしなかったこ
と

ⓑ　Z市農業委員会の不作為は、Y県知事の不作為と同視できること

をそれぞれまとめる（【書式5】訴状例参照）。

管轄に関して、被告たるY県（処分庁であるY県知事の所属する行政主体）
の普通裁判籍であるY地方裁判所とする。Y地方裁判所は本庁であるので、
これで問題ない。

訴額に関して、通常の処分取消しの訴えでは、原則として訴額算定不能と
して160万円で計算すればよいことが多いが、農地の場合、当該農地の価額
が訴額となるので注意する必要がある。

2　訴状例

前記を勘案して、【書式5】のとおり訴状を作成し提出する。

【書式5】　訴状（*Case*②）

訴　　　状

平成Ｘ年Ｘ月Ｘ日

Ｙ地方裁判所　御中

原告訴訟代理人弁護士　○　○　○　○　印

〒000-0000　Ｙ県Ｚ市○町○丁目○番○号

原　　　　　告　　　甲

（送達場所）

〒000-0000　Ｂ県Ｃ市○町○丁目○番○号

同訴訟代理人弁護士　○　○　○　○

電話　000-0000-0000

FAX　000-0000-0000

〒000-0000　Ｙ県Ｙ市○町○丁目○番○号

被　　　　　告　　　Ｙ　県

上記代表者県知事　　○　○　○　○

（処分をした行政庁）

同上（経由機関：Ｚ市農業委員会）

農地転用許可拒否処分取消等請求事件

訴訟物の価格　　金　（農地の価額）　　円

貼用印紙額　　　金　　　　　　　　　　円

請求の趣旨

（主位的請求）

1　原告が平成Ｘ年Ｘ月Ｘ日付でした農地法4条に基づく農地転用許可申請
　について、Ｙ県知事が訴外Ｚ市農業委員会を通じ同月Ｘ日付で受理を拒否
　した処分を取り消す。

2　訴訟費用は被告の負担とする。

との判決を求める。

（予備的請求）

1　原告が平成X年X月X日付でした農地法4条に基づく農地転用許可申請について、Y県知事が何らの処分をしないことが違法であることを確認する。

2　訴訟費用は被告の負担とする。

との判決を求める。

請求の原因

第1　主位的請求

1　（当事者及び本件土地の概況）

　　原告は、別紙物件目録の土地（以下「本件土地」という。）の所有者であり（甲1）、本件土地につき農地法4条に基づく農地転用許可申請（以下「本件申請」という。）を行った者である。

　　本件土地周辺地は、近年市街化が進んでいる地域である（甲1・土地利用図、甲2・写真撮影報告書）。

　　被告は、農地法4条に基づき、4ヘクタール以下の農地につき、同法に基づく農地転用許可の判断権限を有する県知事の所属する行政主体である。

　　本件土地は、地目が「畑」であり（甲3・不動産全部事項証明書）、地目上農地であるが、当該所有者は既に営農を止めており、今後も本件土地において営農する意図はなく、現況は荒れ地である（甲2）。本件土地近隣の土地利用関係は、甲3号証、甲4号証住宅地図（赤斜線部分が本件土地）のとおりであり、農地としての集団性は全く欠ける状態にある。

2　（本件申請）

　　原告は、本件土地を自己の経営する建築業の資材置き場としての利用を企図し、平成X年X月X日、Y県知事宛に農地法4条に基づく本件申請を行った（甲5号証・申請書）。

　　なお、農地法施行令7条1項の規定に基づき、当該申請書は、訴外Z市農業委員会に提出された。

3　（本件処分）

　　訴外Z市農業委員会は、平成X年X月X日、本件申請に対し受理できな
い旨の拒否処分（以下「本件処分」という。）を行った（甲6号証・農地
法第4条の規定による許可申請書について（通知））。

4　（異議申立）

　　原告は、本件処分に対し、平成X年X月X日付で被告を処分庁とする異
議申立を行ったが、被告（処分庁）は、同年X月X日付で異議申立を却下
する旨の決定をした（甲7号証・決定書）。

5　本件処分の違法性（主位的請求―処分取消訴訟に関して）

①　処分性

　　本件申請は、農地法施行令7条1項の規定に基づき、訴外Z市農業委
員会宛に平成X年X月X日付で提出したところ、訴外Z市農業委員会は、
許可権者であるY県知事に同申請書を提出することなく、同月X日、本
件処分を行ったものである。

　　訴外Z市農業委員会自体は、確かに農地法上の農地転用許可に関する
権限を有する者ではないが、農地法及び同法施行令は、農業委員会を経
由して、最終的には許可権者である都道府県知事に申請書が提出される
ことを予想しており、農業委員会には、許可申請があった場合、これを
都道府県知事に提出（進達）すべき義務があるところ、これを怠ったも
のである。

　　単なる義務の懈怠であれば、単純な「不作為」との評価を下せようが、
本件処分に当たっては、訴外Z市農業委員会は、農地法の要件認定＝実
体判断を行った上で、本件申請を受理しない＝拒否との本件処分を行っ
ている（甲6）。

　　すなわち、甲6号証から明らかなとおり、同委員会は、本件申請を受
理できない理由の一つとして、「農用地除外証明書」が添付されていな
いことを挙げるが、同時に、本件土地については、「3　農地の区分に
ついて」において、甲種農地であるとのみ見解を示している（詳細は次
項以下で述べる）。同委員会は、「本件土地は農用地であるから、農用地
除外証明書の添付が必要である」との形式的判断に止まらず、本件土地
の農地としての区分を判断の上で、さらに農用地除外証明書が必要であ
るとの判断を示しているものであり、単純な形式審査を越え、本来であ

れば、許可権者にしかなし得ない判断を行っており、単純な「不作為」としての評価を越え、実質的には拒否処分を行っているに等しい。

　本件の様に、処分権限を有しない者を経由して申請等がなされる場合における処分性（行政行為）判断のリーディングケースとして、名古屋高裁金沢支部平成元年1月23日判決（行政事件裁判例集40巻1〜2号15頁、甲8）は、「そうすると、事業計画変更承認申請は、農地法4条による農地転用の許可と同様、知事に許可権限があるところ、前記省令によりその申請は農業委員会を経由してすることとされているが、農業委員会は独立の行政処分をする権限を有するものではなく、農業委員会の受理、審査、意見書の作成、知事への進達は知事の一機構としての行為というべきであるから、同進達は行政機関相互間の行為に過ぎず、国民の権利義務を形成し、又は確定する効力を有する行政処分とはいえない。したがって、控訴人らが被控訴人委員会に対してした本件事業計画変更承認申請について、改めて知事に対し直接申請書を提出することなく、同被控訴人が何らの処分をしないことが違法であると主張するならば、知事を被告とすべきであり、同被控訴人は被告適格を有しない。また同被控訴人自身の不作為の違法を主張するのであれば、同被控訴人が知事に申請書を進達する行為は行政処分といえないから、訴訟要件を欠く。」と判示し、農業委員会の被告適格を認めなかったが、同時に、農業委員会の行為は、知事の一機構としての行為であるとの判断の下、知事に対する被告適格は認めるに至っている。

　上記判決が判示するとおり、農業委員会は、許可権限を有する都道府県知事の一機構として行為する者であり、農業委員会が対外的に行った意思表示は、都道府県知事としての行為と評価できる。

　本件においても、訴外Z市農業委員会は、Y県知事の一機構として本件処分を行ったものであり、本件申請に対する県知事の拒否処分としてその処分性を認めうる。

②　実質的違法事由―理由齟齬

　甲6号証において、（本件申請を）「受理出来ない旨の理由」として、農用地除外証明書が添付されていないことが記載されている。しかし、上記の下部に記載されている「農地の区分について」によれば、本件農

地は、甲種農地に該当する旨の記載がある。

　農地法4条2項は、許可基準として、農地を以下のとおり区分して、その許可基準を変えている。

同法同項1号イ　　　　農用地区内にある農地

同　　　　　　ロ　　　<u>イに掲げる農地以外の農地</u>であって、集団的に存在する農地その他良好な営農条件を備えている農地として政令で定めるもの

　条文の規定から明らかなとおり、同法同項1号ロは、「同法同項イ以外の農地」が前提であり、同法同項1号イの農地とロの農地は<u>論理的に両立しない</u>。

　上記農地法上の区分をさらに詳細にする為、本件次官通知は、上記の区分に従い、さらに下記のとおり細分化している（甲9）。ここでも、農用地内にある農地とそれ以外の（例えば甲種農地）とは明確に区分されている

記

第4「法第4条第1項の許可の基準」

　1　営農条件等からみた農地の区分に応じた許可基準（甲9）

　(1)　農用地区域内にある農地（1号イ）

　(2)　良好な営農条件を備えている農地（第1種農地、1号ロ）

　(3)　市街化調整区域内にある特に良好な営農条件を備えている農地（甲種農地）

　(4)　市街地の区域内又は市街化の傾向が著しい区域内にある農地（第3種農地）

　(5)　(4)の区域に近接する区域その他市街地化が見込まれる区域内にある農地（第2種農地）

　(6)　その他の農地（第2種農地）

　なお、上記を表にまとめると下記のとおりである。

区　分	営農条件、市街化の状況	許可の方針
農用地区域内農地	市町村が定める農業復興地域整備計画において長期にわたり農用地として確保していく	不許可（ただし、農業振興地域の整備に関する法律10条3項の農用地利用計画において

	とされた土地	指定された用途に供する場合等には許可)
甲種農地	市街化調整区域内にある農地のうち土地改良事業等の対象となったもの（8年以内）等特に良好な営農条件を備えている農地	不許可（ただし、土地収用法26条の告示に係る事業の用に供する場合等には許可）
第1種農地	10ヘクタール以上の規模の一団地の農地、土地改良事業等の対象となった農地等良好な営農条件を備えている農地	不許可（ただし土地収用法対象事業の用に供する場合等には許可）
第2種農地	鉄道の駅が500メートル以内にある等市街地化が見込まれる区域等にある農地又は農業公共投資の対象となっていない生産性の低い小集団の農地	周辺の他の土地に立地することができない場合等には許可
第3種農地	鉄道の駅が300メートル以内にある等市街地の区域又は市街地化の傾向が著しい区域にある農地	許可

　　上述したとおり、甲6号証は、本件土地は、甲種農地に該当すると認定している。そうであれば、本件農地は農用地に該当しないということであり、甲種農地の許可基準からすれば、農用地除外証明書の添付は不要である。必要であるということは、本件農地は農用地であるということとなり、甲種農地と認定したことと正面から矛盾する。

　　甲種農地である以上、農用地除外証明書の添付はそもそも許可要件であり得ず、それに拘わらず当該証明書の添付がなされなかったことを以て本件申請を拒否したことは、農地法の解釈を誤った違法がある。

第2　予備的請求―不作為の違法確認に関して

　　仮に本件処分の処分性が認められないとした場合、原告は、農地法及び同施行令に基づき、本件申請を行ったにも拘わらず、訴外Z市農業委員会は、許可権者であるY県知事に本件申請を提出（進達）すべき法令上の義務を怠り、相当の期間内に何らの処分も行わなかったものであり（行政事件訴訟法3条5項）、当該不作為が違法であることは論をまたない。

　この場合の被告は、前掲の名古屋高裁金沢支部平成元年1月23日判決（甲8）が判示するとおり、「農業委員会は独立の行政処分をする権限を有するものではなく、農業委員会の受理、審査、意見書の作成、知事への進達は知事の一機構としての行為というべきであるから、同進達は行政機関相互間の行為に過ぎず、国民の権利義務を形成し、又は確定する効力を有する行政処分とはいえない。したがって、控訴人らが被控訴人委員会に対してした本件事業計画変更承認申請について、改めて知事に対し直接申請書を提出することなく、同被控訴人が何らの処分をしないことが違法であると主張するならば、知事を被告」とすべきであり、本件申請に対する不作為は、Y県知事の不作為である。

　なお、仙台地方裁判所平成10年1月27日判決（判例タイムズ994号132頁）は、許可権者が申請の受理を拒否した事例につき、不作為の違法確認請求を認容している（処分取消の訴えと不作為違法確認の訴えの予備的併合を認めている）。

第3　まとめ

　よって、原告は、請求の趣旨記載の判決を求めるものである。

証拠方法

1　甲1　土地利用図
2　甲2　写真撮影報告書
3　甲3　不動産全部事項証明書
4　甲4　住宅地図
5　甲5　申請書
6　甲6　農地法第4条の規定による許可申請書について（通知）と題する書面
7　甲7　決定書
8　甲8　名古屋高裁金沢支部平成元年1月23日判決
9　甲9　通達

付属書類

1　甲号証写し　各1通

2　訴訟委任状　1通

以上

物　件　目　録

(略)

VII
第1審

1　訴訟提起～第1回口頭弁論期日

訴訟提起後、裁判所書記官から連絡があった。毎度のことであるが第1回口頭弁論期日まで若干長目に時間がほしいとのことであり、約50日後に第1回口頭弁論期日が指定される。

これもいつもどおり、答弁書の提出期限どおりに分厚い答弁書が郵送される。

答弁書における反論の要旨は、

① 　主位的請求（処分取消しの訴え）に関して

 ⓐ 　本案前の答弁

  ・Z市農業委員会は、Y県とは、独立した行政機関であり、指揮監督関係もない。Z市農業委員会の行った不受理の通知は、Y県知事とは全く関係なく知事の機関とみることはできない。

  ・「処分」とは公権力の主体たる国または公共団体が行う行為のうち、その行為によって、直接国民の権利義務を形成しまたはその範囲を確定することが法律上定められているものをいうが、Z市農業委員会は農転に関して独立した権限を有せず、また、申請受理から知事への送付までの行為は、国民の権利義務を直接形成するものではなく、処分ではない。

　ⓑ　本案に対する認否

　　・争う。

②　予備的請求（不作為の違法確認の訴え）に関して

　　・不作為に関して、そもそも申請は知事に到達しておらず、知事に不作
　　　為はない。農業委員会が40日以内に知事に申請書を送付しない場合、
　　　直接知事に申請できるのであるから、知事に申請書が到達したにもか
　　　かわらず、何らの処分がなされない場合を不作為というべきである。

　想定されたとおりの反論である。

　第1回口頭弁論で裁判所の反応をみて、簡単に反論しようと考える。

　第1回口頭弁論期日を迎える。合議体での裁判であるから、法廷も大きい。
驚いたのは人間の多いこと。バーの中（法廷内）の被告席には、代理人弁護
士1人と指定代理人（職員）が2人座っている。まあ、普通の構成である。
しかし、いつも思うのだが、国または公共団体が当事者となる訴訟では、なぜ
弁護士のほかに指定代理人が代理人としてつくのであろうか。国の場合は、
ほぼ全員指定代理人であるが、彼らは訟務検事であり、法曹資格者であるの
でわかるが、地方公共団体を当事者とする訴訟では、ほぼ必ず指定代理人と
して職員が訴訟代理人に名を連ねる。何か規定があるのか、書面の起案を職
員が行っているからではないかとも思うのだが（悪いことではない）。

　このほかに、傍聴席に職員が7〜8人座っている。ほかに傍聴人はいない。
皆もちろん紳士であるが、1人で10人近い人間と闘っている感じがして、小
が大を撃つ、在野法曹としての気概が湧き、気分が高揚する。

　第1回は特筆することもなく、「原告に反論があれば次回までにまとめて
くるように」との指示があっただけで、弁論を続行するということで平凡に
終わった。平凡に終わったのだが、平凡すぎて何か嫌な感じがする。

2　第2回口頭弁論期日

被告の答弁書における反論として【書式6】のとおり準備書面を提出する。

【書式6】　原告準備書面（*Case*②）

平成X年（行ウ）第N号事件　　　　　　　　　　　　　　　直送済　印

原　　　告　甲

被　　　告　Y県

原告準備書面(1)

平成X年X月X日

　Y地方裁判所民事第M部合議係　御中

原告訴訟代理人弁護士　○○○○　印

第1　緒言

　被告は、原告の本件訴えは、訴訟要件を欠くので実体審理せず却下すべきである、Y県宛に申請すれば済む話であると主張している。

　原告において再度Y県宛に農転許可申請を行うことは容易である。しかし、甲6号証記載の理由と同じ理由で許可申請は間違いなく却下される。そこから再度異議申立を行い、本件と全く同様の訴えを提起することも吝かではないが、訴訟経済に資さないことは言うまでもない。

　畢竟本件は、一連の行政手続のどの段階で私人に救済手段（実体審理を受けられるという利益）を与えるかの問題であるに過ぎないと考えるものである。

第2　訴訟要件—処分性に関して

　1　被告主張の要約

　　被告の主張を要約すれば、本件処分は、行政の内部行為に過ぎず、処分性を有しない。というものである。

　　しかし、被告の主張は、以下に述べる実態を無視した形式論に過ぎず、採用し得ないものである。

　2　農地転用許可申請（農地法4条）の流れ

　　上記に関する農地法、同法施行令及び同法施行規則に基づく手続の流れを図表化すれば、以下のとおりである。

（農地法4条1項）

農地を農地以外のものにする者は、政令の定めるところにより（4ヘクタール以下の農地であれば）、都道府県知事の許可を受けなければならない。

（農地法施行令7条1項、2項）

・法4条1項の許可を受けようとする者は、農林水産省令で定めるところにより農林水産省令で定める事項を記載した申請書を、農業委員会を経由して都道府県知事に提出しなければならない。
・前項本文の場合には、農地法施行令第3条第2項から第4項までの規定を準用する。

（農地法施行令3条2項、3項）

・農業委員会は、申請書の提出があったときは、農林水産省令で定める期間内に、当該申請書に意見を付して、都道府県知事に送付しなければならない。
・農業委員会が前項の期間内に都道府県知事に送付しなかったときその他農林水産省令で定める事由があるときは、農業委員会を経由しないで、都道府県知事に申請書を提出することができる。

（農地法施行規則12条）

・令第3条第2項に定める期間は、申請書の提出があった日の翌日から起算して40日とする。

　　上記の図表のとおり、農転許可申請を行おうとする者は、農業委員会に申請書を提出しなければならない。農業委員会を経由せず、直接都道府県知事宛に申請を行ったとしても、「受理」されず、農業委員会宛に提出する様「行政指導」を受けるのが現実の運営である。

　　申請を受けた農業委員会は、意見を付して、都道府県知事に当該申請書を提出する義務がある。

　　農業委員会がこの義務を怠った場合、すなわち40日以内に都道府県知事に当該申請を提出しなかった場合、申請人は初めて、直接都道府県知事に対して申請を行うことができるようになる。この規定の趣旨は、農業委員会の不作為による申請の握りつぶし、店晒しを防ぐ事にある。

　なぜならば、農地法施行令3条3項は、上記の場合の他、農林水産省令で定める事由があるときにも都道府県知事への直接申請を認めるが、その農林水産省令で定める場合として、農地法施行規則13条第1号乃至第3号は、以下の事由を定める。

①　農業委員会の農地部会あるいは総会が40日以内に開かれる見込みのないことが明らかなとき（1号）。

②　申請書提出後に農業委員会の農地部会の会議が40日以内に開かれる見込みがないことが明らかになった場合（2号）。

③　その他相当の理由

　①及び②は、農業委員会が開催されないという客観的事情からして、40日以内に都道府県知事への申請書提出が不可能な場合を規定しており、③は、当然①及び②に準ずる事由が「相当の理由」となる。

　このように、農地法施行令3条3項の解釈としては、農業委員会の不作為の場合を念頭に置き、不当な申請握りつぶし、店晒し状態を防止している。

　すなわち、不作為以外の事由で都道府県知事に申請書が提出されない事態を想定していない。

3　処分性

　上記の手続の流れに従えば、訴外Z市農業委員会は、本件申請を受けた後、遅滞なく（40日以内に）、被告に当該申請書を提出する義務があった。

　訴外Z市農業委員会が、単純にこの義務を怠り、何らの行為もしなかったというのであれば格別、本件処分に当たっては、訴外Z市農業委員会は、農地法の要件認定＝実体判断を行った上で、本件申請を受理しない＝拒否との本件処分を行っている（甲6号証）。

　そもそも、同委員会においては、申請を受けた以上、県知事に意見を付して申請書を提出する義務を負い、当該申請を受理するしないの権限は全くないばかりか、実体審査を行う権限も全くない。

　それにもかかわらず、甲6号証から明らかなとおり、同委員会は、本件申請を受理できない理由の一つとして、「農用地除外証明書」が添付されていないことを挙げ、同時に、本件土地については、「3　農地の区分について」において、甲種農地であるとの見解を示し、「本件土地は農用地

であるから、農用地除外証明書の添付が必要である」との形式的判断に止まらず、本件土地の農地としての区分を判断の上で、さらに農用地除外証明書が必要であるとの判断を示している。

　さらに、被告は、「直接Ｙ県知事に申請することができた、すべきであった」旨主張するが、そうであれば、なぜ甲６号証にその旨の教示をなさなかったのか、明文上の教示義務がないとは言え、被告がそのような主張をなす以上、原告には、予見可能性がなければならない。原告の様な一般私人が、複雑な農地法及びその関連法令を熟知しているはずもなく、教示がなければ直接被告に申請することができることなど知る余地もない。このような私人に不利益な状態を救済するため、行政不服審査法は教示の制度を設けたのである。理由を付した上で「受理しない」との意思表示がなされ、他の手段（被告への直接申請）が示されなければ、私人としては、「申請を拒否された」と解するのが通常である。

　そして、行政庁が申請書を返戻した様な場合、返戻行為そのものが行政庁の却下意思の表れである場合には却下処分（拒否処分）に当たると一般的に解されている（南博方他編、条解行政事件訴訟法第３版、弘文堂、85Ｐ）。

　本件において、訴外Ｚ市農業委員会は「受理できない」旨明言しており、却下意思はあきらかである（甲６）。

　問題は、訴外Ｚ市農業委員会自身に農転許可の権限が明文上規定されていないことにあるが、訴状においても主張したとおり、処分権限を有しない者を経由して申請等がなされる場合における処分性（行政行為）判断のリーディングケースとして名古屋高裁金沢支部平成元年１月23日判決（被告もこれを引用する。）は、

　「そうすると、事業計画変更承認申請は、農地法４条による農地転用の許可と同様、知事に許可権限があるところ、前記省令によりその申請は農業委員会を経由してすることとされているが、農業委員会は独立の行政処分をする権限を有するものではなく、農業委員会の受理、審査、意見書の作成、知事への進達は知事の一機構としての行為というべきであるから、同進達は行政機関相互間の行為に過ぎず、国民の権利義務を形成し、又は

確定する効力を有する行政処分とはいえない。したがって、控訴人らが被控訴人委員会に対してした本件事業計画変更承認申請について、改めて知事に対し直接申請書を提出することなく、同被控訴人が何らの処分をしないことが違法であると主張するならば、知事を被告とすべきであり、同被控訴人は被告適格を有しない。また同被控訴人自身の不作為の違法を主張するのであれば、同被控訴人が知事に申請書を進達する行為は行政処分といえないから、訴訟要件を欠く。」

　と判示し、農業委員会の被告適格を認めなかったが、同時に、農業委員会の行為は、知事の一機構としての行為であるとの判断の下、知事に対する被告適格は認めるに至っている。

　　上記判決が判示するとおり、農業委員会は、許可権限を有する都道府県知事の一機構として行為する者であり、農業委員会が対外的に行った意思表示は、都道府県知事としての行為と評価できる。

　　本件においても、訴外Z市農業委員会は、Y県知事の一機構として本件処分を行ったものであり、本件申請に対する県知事の拒否処分としてその処分性を認めうる。

第3　答弁書、「予備請求に対する理由」について

　1　原告は、主位請求が認められなかった場合、すなわち、本件処分に処分性が認められなかった場合に備え、予備請求として、訴外Z市農業委員会が本件申請を被告に提出しなかったという不作為の違法確認を求めている。

　　被告が主張するが如く、処分性も認めない、Y県としての不作為もない。名古屋高裁金沢支部平成元年1月23日判決により、訴外Z市農業委員会を被告とする不作為の違法確認も認められないというのであれば、本件の様に、権限を有する行政庁以外の行政機関を経由しての申請が義務付けられ、かつ、経由した当該行政機関が、その義務の履行を怠り違法な行為を行った場合、これを是正する救済措置が存在しないという状況が現出してしまう。法治主義の下、斯様な状態が許されないことは論をまたない。

　2　被告は、訴外Z市農業委員会と被告は、別の行政機関であり、被告に被告適格がない旨主張する。

　しかし、訴外Z市農業委員会に違法行為（知事への提出義務違反、不作為）が存在するのは疑いのないところである。このような事例で、農業委員会を被告とし、不作為の違法確認訴訟を提起したにもかかわらず、知事を被告とすべきであるとして農業委員会の被告適格を認めなかったのが、正に名古屋高裁金沢支部平成元年1月23日判決である。

　原告は、この判決に従い、Y県を被告として本訴を提起したものである。被告は、同判決を援用しておきながら、「直接知事に申請がなされたにもかかわらず、これをしないときに知事の不作為となるものである」と主張することは背理である。

　そもそも、被告は、訴外Z市農業委員会は、農転許可に関して、独立の権限を有さないと主張する。では、農業委員会の行う、農転申請の受理、審査、意見書の作成、知事への提出（進達）という各種行為につきどのような法的評価を行うのか？　農業委員会が独立の権限を有さないとはいえ、これら行為は事実上存在し、一定の法的効果を伴った法的行為である。「無価値」と解することはできない。そうであるとすれば、農地法及びその関連法令を含む一連の法体系、システムからすれば、農業委員会の行為は、上記判決が判示するとおり、知事の一機構としての行為としか評価できない。

　Y県知事が申請書の内容を審査できる状況になかった（農業委員会が提出義務を怠ったからである。原告に何ら帰責性はない）、知事への申請が認められている（原告としては既に申請を行い、受理しないとの通知を受けている。教示もなく再度知事に申請を行おうと考える人間は存在しない。机上の空論の誹りを免れない）等の被告の主張は、上記解釈を何ら覆すものではない。

　第2回口頭弁論期日当日、本件は事実関係に争いもなく、法律の解釈論が争点であり、本日で結審だろうと予測する。法廷は、相変わらずギャラリー（傍聴人）が多い。

　開廷する。

　やおら裁判長が質問（釈明）してくる。

裁判長「原告代理人にうかがいたいのですが、本件では、訴訟の対象となっている農業委員会経由の申請以外に、農地法施行令3条3項に基づく、知事に対する直接申請（〔図11〕におけるB）はしていないですね」

弁護士「していません。する意味がないです」

裁判長「まあ、それはよいとして、仮定の話ですが、もし〔図11〕のBをしていたとしたら、本件で問題となっているAの申請は、法的にはどのような扱いになるとのお考えですか？」

参った。正直、考えたこともなかった。

仮にBが許可されれば、Aは争う意味がない（この考え方は誤りであった。控訴審で実証される）。Bが不許可であれば、Bを争ったほうが早い。そんなことをとっさに頭で考え、

弁護士「考えていませんでしたが、その場合は、Aの申請はBの申請に吸収されると考えます」

裁判長「では、Bの申請をすればよいだけでは？」

〔図11〕　農転許可申請の構造（〔図7〕と同じ）

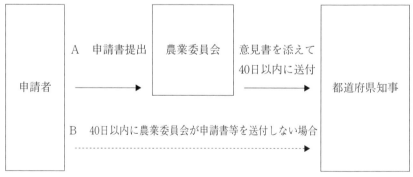

A　申請者から農業委員会が申請を受けた場合、40日以内に意見書を添えて、許可権者たる都道府県知事に送付しなければならない。

B　しかし、農業委員会が40日以内に送付しなかった場合は、申請者は直ちに都道府県知事に申請できる。

弁護士「Bの申請をしていればそうでしょうが、現実にしていないこの状
　　　　況を前提としての法律関係を判断すべきでしょう[13]」

裁判長「承っておきます」

　このやりとりの後、結審（弁論終結）し、次回判決言渡期日となった。

　少々まずい。不作為の違法確認は堅い、と思っていたが、裁判長の心証は
芳しからず。裁判長のいいたいことは、「Bの申請すれば本質的に解決する
でしょう。だからこの訴訟は無意味でしょう」ということであろう。

3　1審判決〜敗訴

　判決言渡し期日の20分後くらい、書記官が書記官室に戻った頃合いを見計
らって電話で判決の結果を聞く。

弁護士「お世話になります。先ほど言渡しのあった、X年（行ウ）N号で
　　　　すが、判決内容はいかがでしたか？」

書記官「原告の訴えをいずれも却下する、です」

弁護士「え、却下ですか両方とも」

書記官「です」

　勝てると思っていたときの敗訴判決は最悪である。

　すぐ判決を送達してもらい、理由を読む。要は、被告の主張を全面的に採
用しての判決である。

　判決理由の概要をまとめれば、

①　主位的請求（処分取消しの訴え）に関して

　　農業委員会は、知事とは独立した行政機関である。農林水産大臣には
　知事のした行為の是正権があるが、知事と農業委員会の関係においては
　このような規定はなく、かえって、40日以内に農業委員会が知事に申請
　書を送付しない場合は、直接知事に申請できる規定があるのであって、

13　現行法ではB（直接申請規定）に相当する規定はなく、この問答自体が成立しない。

知事に農業委員会に対する指揮監督権はない。その他、農業委員会が選挙で選ばれた委員による合議制の行政機関であることからすれば、農業委員会を知事の一機構とみることはできない。また、農業委員会には農転許可の権限はない。したがって、農業委員会のした申請書の不受理行為を処分とみることはできず、本件訴えは処分性を欠き不適法であり却下する。

なお、農業委員会が行った不受理通知は、農業委員会に申請意思を却下する権限がない以上無効である。そうであるとすれば、申請はまだ存続しており、申請後40日経過していることも明らかであって、原告は直ちに知事に農転許可申請できるのであるから救済に欠けることはない。

②　予備的請求（不作為の違法確認の訴え）に関して

知事に申請書が送付されていないのであるから、知事に作為義務は発生しない。そうであれば、作為義務を前提とする不作為の違法確認の訴えは不適法であり却下する。

とのことであった。

Ⅷ 控訴審

1　1審判決の問題点

処分取消しの訴えに関しては、やむを得ない判断と思う。

しかし不作為の違法確認の訴えに関して、端的にいえば本件1審判決の理屈では、名古屋高裁金沢支部判決の趣旨が全く没却されてしまっている。金沢支部判決は、「農業委員会に処分性を認めがたいから、不作為の違法確認の訴えの被告は知事にすべし」と判断しているにもかかわらず、本件での1審判決は、知事の不作為も認めなかった。本件1審判決の意味するところは、第三者機関を経由して申請する場合に、第三者機関が放置してしまえば、これを違法と有権的に宣言する余地はなくなるということである（正確には国

家賠償法等で損害賠償できる余地はあるが、原告の被った損害の立証が難しい）。[14]

　もう一度、本件１審判決を冷静にみてみれば、この判決は、申請はまだ存続しており、40日経過していることも認めている。

　つまり、第２回口頭弁論で弁護士が釈明した、「申請は吸収される」という見解とは異なり、論理として当初の申請と、その後の申請は２本立てとなるということを認めている。

　〔図11〕（114頁）における、Aの申請もBの申請も並列的に存在しているというわけである。

　そうであれば、A、Bの申請が理論上独立して存在するのであれば、Bの申請が許可されようがどうなろうが、Aの申請は残っているのである。Bの申請で許可されれば、確かに原告は満足であろうが、行政法的にAの申請が放置されている、店晒しにされているという違法状況に変化はない。誰かが「それはおかしいですよ」と言わなければ、同じことがいくらでも繰り返される。そのたびに、「いや、40日待って知事に申請すればよいのですよ」と本件１審判決のように判断するのであれば、そもそもなぜ農業委員会を経由させて知事に申請させる必要があるのか。無意味としかいいようがない。

　大仰にいえば、ここは、農業委員会の握りつぶしに対し、断固争うべきである。抗告訴訟の違法是正機能は機能しうるし、しなければならない。

　甲氏と相談したところ、当然のように控訴したいという。

　直ちに判決全部を不服とする控訴状を提出する。

2　控訴理由書

　控訴状提出後２カ月ほどして、記録が高等裁判所に送付されたのであろう、控訴理由書の提出期限の通知と第１回口頭弁論期日の予定日の照会表がFAX される。

14　救済規定である直接申請規定がない現行法の下では、不作為違法確認訴訟等による救済の必要性はより高まると考える。

　控訴審においては、不作為の違法確認の訴えに傾注する方針の下で、以下の点をより重点的に主張することにする。

① 農業委員会に申請到達後40日以内に知事に送付しなければ直接知事に申請できるという規定があっても、理論上、当初の申請は存続しており、これは、いわば宙ぶらりんの状況にあること

② 農業委員会に申請書が到達した段階で、法令システム上、知事に申請に対する応答義務（作為義務）が発生すること

これらを控訴理由書としてまとめ、提出期限前に提出する。

3　控訴審第1回口頭弁論期日──結審

　控訴審第1回口頭弁論期日当日、相変わらずギャラリーが多い。

　開廷し、セオリーどおり、控訴状、控訴理由書陳述、控訴答弁書陳述、証拠提出と進む。一段落して、裁判長から「双方何かありますか？」と聞かれるが、これ以上主張・立証することもなく、相手方（被控訴人）も同じく、何もないという。それでは、ということであっさり結審（弁論終結）し、次回判決言渡期日となる。

　毎度思うことだが、高等裁判所の裁判官の顔色（心証）は、本当によくわからない。今回も良いのだか悪いのだかよくわからないが、後は判決を待つこととする。

4　控訴審判決──逆転勝訴

判決主文は以下のとおりであった。[15]

1　原判決中、予備的請求に係る部分を取り消す。
2　原告が平成X年X月X日付でした農地法4条に基づく農地転用許可申請について、処分行政庁が相当の期間に何らの処分をしないことが違法であることを確認する。

続く理由の要旨について、概要を以下にあげる。

①　農地法4条1項の許可に係る申請書の提出先は農業委員会とされているところ、農業委員会は許可権者である都道府県知事とは独立した行政委員会である。このような独立した行政機関を経由機関として申請を受理する法制度下にあっては、申請権を有する者が経由機関に申請書を提出した場合には処分行政庁の応答を得ようとする意思の表明があることは明らかであって、処分行政庁は、申請者に対し、相当の期間に応答する義務を負う。

　　前記相当の期間は、経由機関から処分行政庁に申請書を進達等するための期間および処分行政庁が申請に対する処分をするために要する期間を通じたものをいう。この期間を経過しても、申請に対する応答がされない場合は、処分行政庁は申請に対する応答義務を怠るものとの評価を免れない。

②　処分行政庁に現実に申請が到達していなかったとしても、行政機関相互間の事務の処理が滞っていることを理由として処分行政庁が応答義務を負うことはないと解することはできない。

③　農業委員会に申請到達後40日以内に知事に送付しなければ直接知事に申請できるという規定（直接申請規定）に基づき、申請者が別途新たな申請を行ったとしても、当初の申請（旧申請）に対する処分行政庁（都道府県知事）の応答義務が消滅すると解すべき根拠はなく、当初の申請（旧申請）がなお残っているにもかかわらず処分行政庁がこれに応答しないことについての法的救済が否定される理由にならない。

　　直接申請規定は、行政事件訴訟法、行政不服審査法の手続による救済とは別に、簡明に申請に対する応答を得る途を開いたにすぎない。

完勝である。控訴理由はすべて認められ、戦略目的を達成できた。

15　参考判例として東京高裁判平20・3・26最高裁 HP。

　素朴に考えて、法令に書いてあるとおりに申請して、申請書を許可権者に渡す義務のある経由機関がそれをしないで突っ返して、「直接申請すれば？」で済むわけがない。

　その意味で、悪いのは農業委員会であり、Y県には少々可哀想な結論になったともいえる。Y県としては納得がいかないであろうから、これで終わりとはいかないであろう。

5　上告受理申立て──後日談

　予想どおり、Y県は上告受理申立てを行った。

　個別事案としては、控訴審で確定してほしかったが、最高裁判所の判断を仰いでも良い事案とも考えられ、もう一ラウンドあるかと少々期待する。

　幸か不幸か、4カ月後に上告を受理しないとの決定書が送達された。控訴審判決が確定した。

　Z市農業委員会が、今回の訴訟を教訓として申請書を返戻するという不当な運用を改めることになれば、不作為の違法確認訴訟も違法是正訴訟として意味があると思う。

第**3**章 農用地区域からの除外申出（農振除外）拒否処分取消訴訟──処分性を中心に──

I
事案の概要

─〈*Case* ③〉─

　乙氏は、40代のサラリーマンである。

　乙氏は、亡父より、N県M市所在の1反ほどの農地（地目：畑と田）を相続した。乙氏の父は公務員で、いわゆる農家ではなかったが、定年退職後、趣味を兼ねてこの農地を家庭菜園として自家消費用のトマトやナスを細々と栽培し、季節ごとの収穫を近所にお裾分けなどして楽しんでいた。

　その乙氏の父も10年前に死亡し、その後、この農地は、耕作されることもなく荒れ地となっている。

　乙氏が所有する農地は、豊かな水田が続く田園地帯にあったが、すぐ近くに国道バイパスが開通したことにより、ファミリーレストランやファストファッションのいわゆるロードサイド店の出店が相次いでいる。

　乙氏の農地も、これらロードサイド店の敷地にぐるりと囲まれる形となり、この店舗から乙氏に、「駐車場用地として利用したいので、売却してほしい」との申し込みがなされている。乙氏はサラリーマンであり農業を行う意思は全くなく、ぜひ売却したいと考えている。

　当然に農転の許可（農地法5条の許可）が必要となるが、この農地は農業振興地区整備計画において農用地区域の指定がなされている。

　乙氏は、M市農業委員会を経由してN県知事に農転許可申請を行ったが、「当該農地は農用地であって許可基準を満たさない」との理由で申請は却下された。

　乙氏としては、法的にどのような形で争えばよいのか、弁護士に相談することとした。

　（なお、本ケースでの論点は、訴訟要件（処分性）の問題に限定し、実体的違法性の論点は割愛する）

Ⅱ
注視すべき点

〈*Case* ③〉における、注視すべき点は、以下の3点である。

①　行政計画と処分性

②　処分性認定の解釈論（主張・立証方法）

Ⅲ
ボス弁とイソ弁との会話

　以下は、乙氏の相談を受けたボス弁（経営者弁護士A）とイソ弁（勤務弁護士B）の会話である（なお、〔図12〕〔図13〕参照）。

　B「先生、乙さんの今回の相談ですが、私はあまり農地法とかに詳しくなくて……特に『農用地』という言葉は初めて聞きました。簡単で結構ですから、レクチャーしてもらえませんか？」

　A「都市計画法は知っていますか？」

　B「ええ、簡単にいえば、都市として総合的に整備、開発、保全する必要がある区域を都市計画区域として指定して、そのうえで、市街化を促

　　進すべき市街化区域や市街化を抑制する市街化調整区域などの区域区
　　分を定めたり、さらには、よく耳にしますが、都市計画区域を第1種
　　低層住居専用地域とかの用途地域に指定する。そんな法律です」

A「そうですね。大体そんな感じです。ちなみに、用途地域が指定される
　　とどんな効果が発生しますか？」

B「たとえば、第1種低層住居専用地域に指定されると、確か建築基準法
　　で、定められた建築物以外の建築ができなくなります。たとえば、カ
　　ラオケボックスや料理店、工場などは建築に制限がかかります」

A「農業振興地区域とは、いまB先生が話した、都市計画の、まあ、誤解
　　をおそれずにいえば逆バージョンと考えれば理解しやすいでしょう」

B「逆ということは、都市計画の目的が、都市化の総合的整備、開発、保
　　全などとすると、農地の総合的整備とかそのような目的で、一定の地
　　域を指定して、何かを制限するということですか」

A「そのとおりです。農業振興地域の整備に関する法律、長いので普通は
　　『農振法』といいますが、その第1条で、総合的に農業の振興を図る
　　ことが必要であると認められる地域について、地域の整備に関し必要
　　な施策を計画的に推進するための措置を講じることにより、農業の健
　　全な発展を図るとともに、国土資源の合理的な利用に寄与することを
　　目的とする、とされています」

B「何となくイメージがつかみづらいですが……」

A「単純にいってしまえば、農業を推進すべき区域、もっといえば、水田
　　がどこまでもつながっているような優良な農地が零細化、細分化しな
　　いように、『農用地区域』として指定し、農転を認めず、無秩序な開
　　発を防止し、農地として保全する、そういう法律であり、制度です」

B「ああ、何となくイメージできました。要は閑静な住宅街に風俗店をつ
　　くらせないのと同じように、水田地帯の真ん中にいきなり工場ができ
　　たりしないようにして、農地を守るというわけですね」

A「そのとおりです。もう少し詳しく専門的に法システムを説明しますね。『農用地』の定義ですが、『耕作の目的又は主として耕作若しくは養畜の業務のための採草若しくは家畜の放牧の目的に供される土地』です（農振3条1号）。

　　計画策定に関してですが、まず農林水産大臣は、農用地等の確保等に関する基本指針を定めます（農振3条の2）。これを受けて都道府県知事は、農業振興地域整備基本方針を定めます（同法4条）。そしてこれに基づき一定の地域を農業振興地域として指定します（同法6条1項）。そして、この農業振興地域内にある市町村は、区域内にある農業振興地域について農業振興地域整備計画を定め、この中で先ほど定義した農用地等として利用すべき土地の区域、これを『農用地区域』といいますが、これを定め、『農用地』などの農業上の用途区分を定めます（同法8条1項・2項）」。

B「これもピンときませんが、先生、ひと言でまとめると？」

A「市町村が農用地区域を指定し、農用地となるかどうかも指定するということです」

B「指定とはどのような形式ですか？」

A「指定といいますが、公告の方法で行います（農振12条）。もっと噛み砕いていうと、『N県公報』などの紙面に、『下記の地区を農用地区域に指定する。記　M市字○○。○番地から×番地まで』などという形で指定がされます。イメージとしてわかりやすくいえば、市町村のうち農用地区域と指定する地域を線引き（ゾーニング）し、色を塗る感じです。実際に、たいていどこの市町村でも『農業振興地区域図』などの名称で、地図を売っています。これらの地図では、農用地は青色に塗られているので、農用地は俗称として『青地』とよばれることが多いですね」

B「つまり青く塗られてしまえば、農用地となってしまうのですね」

A「簡単にいえばそういうことです。さて、農用地となるとどういう効果が発生するかというと、大きな効果として、農転（農地を農地以外のものにすること）ができなくなります」

B「農振法をざっとみましたが、そのような規定はなさそうですが……」

A「これがわかりづらいのですが、農地法5条2項で規定されています」

B「確かにわかりづらいですね……前項の許可、つまり5条の農転許可ですが、次の各号に該当する場合にはすることができない、と規定されつつ適用除外が並べられていて、で、同条同項1号イで、『農用地区域内にある農地』と確かに規定されています」

A「今B先生が話した適用除外の規定は、公共目的の場合を示しています。つまり、普通に農転する限り、農転許可はすることができない。申請は却下されてしまう。ということですね」

B「なるほど、わかりました。だから乙さんの申請は簡単に却下されてしまったのですね。しかし、この農地法5条2項ですが、政令への委任、他の条項の準用規定やカッコ書きが多くてわかりづらいですね、正直、1回読んでも理解できないです」

A「さらに解釈通達などもあるからね。〈表6〉のようなものがあると理解しやすいでしょうね」

B「先生、この甲種農地とか第1種農地とかいうのは何ですか？」

A「解釈通達である、『農地法の運用について（平成21年12月11日付け経営第4530号・21農振第1598号経営局長・農村振興局長連名通知)』で略称として用いられている用語です。こちらのほうがわかりやすいですね」

B「農地が立地している場所によって許可基準が違うわけですね」

A「そうです。農用地区域内の農地、農用地農地といいますが、農用地農地であればまず許可は下りません。しかし、農用地農地でなくなれば、その立地場所に応じて、甲種農地以下に区分されることになるでしょうから、場合によっては許可される可能性が出てきますね」

〈表6〉　農地転用許可基準（農地法5条関係）

区　　分	営農条件、市街化の状況	許可の方針
農用地区域内農地 （法5条2項1号イ）	市町村が定める農業振興地域整備計画において長期にわたり農用地として確保していくとされた土地 （農振8条1項・2項1号）	不許可（ただし、農振法10条3項の農用地利用計画において指定された用途に供する場合等には許可）（法5条2項ただし書等）
甲種農地 （法5条2項1号ロカッコ書き）	市街化調整区域内にある農地のうち土地改良事業等の対象となったもの（8年以内）等特に良好な営農条件を備えている農地 （令6条）	不許可（ただし、土地収用法26条の告示に係る事業の場合等には許可）（法5条2項ただし書等）
第1種農地 （法5条2項第1号ロ）	10ha以上の規模の一団の農地、土地改良事業等の対象となった農地等良好な営農条件を備えている農地 （令5条）	不許可（ただし、土地収用法対象事業の用に供する場合等には許可）（法5条2項ただし書等）
第2種農地 （法5条2項1号ロ(2)）	鉄道の駅が500m以内にある等市街化が見込まれる区域等にある農地または農業公共投資の対象となっていない生産性の低い小集団の農地（令8条）	周辺の他の土地に立地することができない場合等には許可 （法5条2項2号）
第3種農地 （法5条2項第1号ロ(1)）	鉄道の駅が300m以内にある等市街地の区域または市街化の傾向が著しい区域にある農地（令7条）	許可 （法5条2項）

＊法：農地法／令：農地法施行令

〔図12〕　**農転許可の構造**

〈農地法〉

```
・5条1項、許可制
・5条2項、許可基準
        ↓
     立地基準
     「農用地」
     は不許可
```

〈農振法〉

```
農振法
・8条農用地区域の指定
        ↓
   農用地としての指定
   （ゾーニング）
```

〔図13〕　**農振除外の構造**

〈農用地区域の指定〉

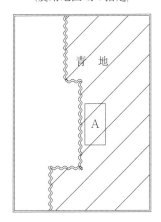

〈農用地区域の変更（農振除外）〉

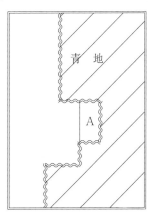

B「農用地区域の指定を取り消せばそれは可能ですね！」

A「……難しいでしょう。ちょっと勉強してみてください」

B「え、そうなんですか？　では、農転許可の拒否許可処分に対し、拒否処分取消しの訴えを提起して、その争点として農用地区域の指定の違法性を争うということでは？」

A「それもなかなか難しい問題がありますよ」

B「どうしてでしょうか？」

　A「違法性の承継の問題がありますし、被告と処分権者が異なりますから。
　　まあ勉強してみてください。とりあえず、現場を見ましょう」

　B「そうですね」

IV
現地調査

　AおよびB弁護士らは、乙氏の問題の農地（以下、「本件農地」という）を
訪問することにした。

　M市は、××線M市中央駅を中心に中規模の市街地を形成しているが、本
件農地は、M市中央駅から10キロ以上離れており、バス等の公共交通機関は
ない。電車で行くには相当に困難な位置にあるため、A弁護士の自動車で赴
くこととした。

　高速道路を30分ほど走り、本件農地の最寄りのインターチェンジで下りて
県道に入ると、水田地帯が広がる。風景としては、ポツポツと集落があり、
大きな集落の近くにはコンビニエンスストアが店舗をかまえている。しかし、
本件土地に通じる国道バイパスに入ると少々様相が異なってきた。基本的に
は水田が広がっているものの、大規模スーパーマーケットやファミリーレス
トラン、パチンコ屋、ファストファッションの店舗などが目立ち始めた。

　本件農地に近づくと、そこはちょうど国道バイパスと県道の交差点付近で
あり、その角地に全国展開するロードサイド店があった。国道バイパスの両
サイドは、ポツポツとロードサイド店が建ち並び、その奥に水田が広がり、
水田の所々に屋敷林に囲まれた集落がうかがえる。

　本件農地については、事前に住宅地図と公図を取り寄せて、土地利用図を
作成していた。〔図14〕のとおりである。

　A弁護士らは、許可を得てロードサイド店の駐車場（○の点）に駐車し、
本件農地（斜線の「畑」と「田」の部分）を眺めてみたが、店舗の陰となって
よく見えない。公図上は用水路となっているが、現況は暗渠となっている部

〔図14〕　土地利用図（*Case* ③）〔次頁に拡大図〕

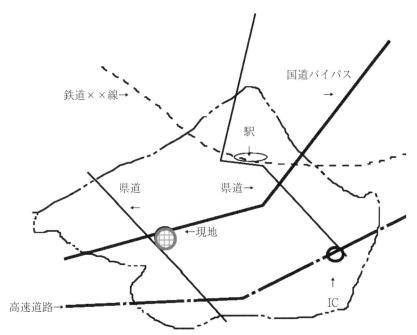

M 市 概 要

鉄道××線→

国道バイパス
→

駅

県道
←

県道→

←現地

高速道路→

IC
↑

　分を通じて、本件農地に出てみると、三方（北、東、南）をアスファルト舗
装された駐車場に囲まれた本件農地が見えた。西側は塀で民家と接している
が、はるか南方に広がる水田とは全く断絶されており、本件農地だけぽつん
と駐車場の中に孤立している。本件農地の現況であるが、農転許可がまだ下
りていないので当然に形状変更はできず、舗装はおろか、人の手が加えられ
た様子がない。耕作をやめたままの状態となっており、裸土の上一面に雑草
が生い茂っている。本件農地のちょうど中間には、南側の駐車場と北側の店
舗を結ぶべく、木製の板で橋が架けられている。
　一見してのイメージとしては、駐車場や店舗という「陸」の中に、本件農
地という小さな「池」があり、その「池」の中を細い橋が架かって北側と南

（〔図14〕を一部拡大したもの）

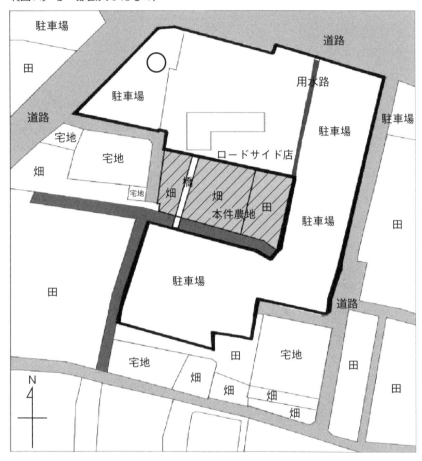

　側をつないでいるという印象であった。

　本件農地は、南方の水田地帯とは完全に分断されており、大規模かつ広域的に耕作することは現実的に不可能である。また、本件農地自体、一反（約10アール＝約991平方メートル＝約300坪）ほどしかない。東西方向に約40〜50メートルほど、南北方向に約20〜30メートルほどである。この農地で耕作を行ったとしてもとうてい農業として採算がとれる広さはない（水稲の場合8

俵ほど収穫可能。1俵1万5000円で買い取られるとして12万円程度)。

つまり、本件土地単体として農業生産に資することはなく、他の農地の所有者に売却する等して耕作規模を拡大、集団化することによって農業生産に資するということもない。農地としての利用価値はほとんどなく、他の目的に転用しても、地域の農業生産に影響を及ぼすこともない。土地の有効活用という観点からは、農転すること（農地以外の用途に転用すること）が最も合理的であると考えられる土地であった。

法律論を抜きにして、現地を見て本件農地の転用を認めないことに合理性があるのか、素朴に疑問を感じる。

Ⅴ
乙氏からの聴取り

現地調査には乙氏も立ち会ったので、現地調査終了後、乙氏から聴取りを行うこととした。

以下はその概要である。

乙　　氏「ご覧いただいたとおり、農地としては全く使えない土地です。私もサラリーマンですから、農業をやるつもりは全くないのです。本件農地は、地目農地ですから固定資産税もずいぶん軽減されていますが、それでも何にも利用できない土地に毎年税金を納めるのは無駄な気がしています。ロードサイド店に売ってしまいたいと考えています」

弁護士Ａ「乙さんの本件農地は、農用地なんですね」

乙　　氏「そのようです。農振地区（農業振興地域）に指定されていまして、役所に聞いたら農用地に該当するということでした」

弁護士Ａ「いつ農振地区に指定されたかわかりますか？」

乙　　氏「父の代からそうだったようですから、20年以上前でしょうね」

弁護士Ａ「いわゆる農転許可申請（農地法5条の許可申請）はもうされた

のですね？」

乙　　氏「はい。駄目でしたが。実は、農転許可申請の前に、役所に聞い
　　　　て農振除外（農振地区からの除外）というのですか、それをし
　　　　ないと駄目ですといわれまして、農振除外の申請ですか？　そ
　　　　れもしたのですが、『要件を満たさない（筆者注：実体的違法性
　　　　の論点なので以後割愛する）』と言われ、受け付けられませんで
　　　　した」

弁護士B「それは不作為ではないですか？　その点を不作為の違法確認で
　　　　争ってみてはいかがですか？」

弁護士A「いや、B先生、後で調べていただきますが、『農振除外』とい
　　　　われているものは、法令に基づく申請ではないので、直ちに不
　　　　作為の違法確認の訴えを提起できるとはいいがたいのですよ」

乙　　氏「話を続けますね。役所で農振除外は受け付けられないというの
　　　　で、その旨を書面にしてもらっておきました。そして、受け付
　　　　けられないといわれても、何もしないままではらちがあきませ
　　　　んので、ダメもとで農転許可の申請をしてみたのです。そうし
　　　　たら、予想どおりですが、『農用地だから農転の許可要件に該
　　　　当しない』との理由で申請は却下されました」

弁護士A「形式的にそうなると思います。農地法5条2項で、農転の許可
　　　　基準を定めています。許可基準は、農地の立地、つまりどうい
　　　　う場所にあるかによって農地を分類し、立地の場所ごとに許可
　　　　基準を細かく規定しています。『農用地農地』に分類される場
　　　　合、つまり乙さんの土地がそうですが、原則として許可しない
　　　　こととなっていますので、いわゆる農振除外をして、本件農地
　　　　を農振地区からはずさない限り、5条許可としては不許可にせ
　　　　ざるを得ないのです」

乙　　氏「でもその農振除外は駄目だといわれる。そうするとうつ手なし

で諦めるしかないですかね……」

弁護士Ａ「難しい問題をはらんでいますし、強く推奨できるものではない
　　　　のですが、農振除外を受け付けてくれなかったこと、それに対
　　　　し行政事件訴訟で争ってみるという方法はあります」

乙　　氏「難しい問題というのは？」

弁護士Ａ「勝ち、負けの問題ももちろんあるのですが、そもそも適法な訴
　　　　訟として受け付けられるか？　却下判決といいますが、違法か
　　　　どうかの判断の前に、いわゆる門前払いされてしまう可能性が
　　　　高いのです」

乙　　氏「もう少し説明してください」

弁護士Ａ「ごく簡単にいいます。行政処分に不服がある場合は、処分取消
　　　　しの訴えという訴訟で争うことができるのですが、あくまで
　　　　『処分』でなければなりません。農振除外は、処分ではないの
　　　　です。市町村が計画する、『農業振興地域整備計画』の計画変
　　　　更にすぎないのです。

　　　　　乙さんは先ほど『農振除外申請』といわれましたが、役所に
　　　　書類を提出しましたよね、その書類のタイトルには何と書いて
　　　　あります？」

乙　　氏「今持っています。用紙自体は役所からもらってきたものですが、
　　　　『農業地区域整備計画の変更申出書』ですね。確かに『申請』
　　　　とは書いてないですね」

弁護士Ａ「『申請』ではないのです。農振法に書いてありますが、乙さん
　　　　に農業地区域整備計画の変更を申請する権利はないのです。計
　　　　画を変更するのは、役所で、乙さんの申出は、権利ではなく、
　　　　ただのきっかけにすぎない、と法律上は規定されています。そ
　　　　して、計画を変更しても、表面的な効果としては、農用地区域
　　　　の線引きが変わるだけ、地図上の『青地』の色が変わるだけ、

　　　　　　農転できなくなるのは、直接的な効果ではない、と考えられて
　　　　　　います。ですので、処分ではなく、処分取消しの訴えは、不適
　　　　　　法と解されるわけです」

乙　　氏「理屈はわかりましたが、おかしな話ですね。役所の計画で農用
　　　　　　地に指定されてしまうと農転ができなくなるのですから。それ
　　　　　　は先生がおっしゃる『処分』ではないのですかね？ それに、
　　　　　　役所には『農業地区域整備計画の変更申出書』という用紙がき
　　　　　　ちんと印刷されてたくさん備え付けられていましたよ。申出を
　　　　　　して、計画が変更されるのであれば、これも先生がおっしゃる
　　　　　　『申請』と変わりがないのではないですか？」

弁護士A「おっしゃるとおりです。そこを突いてみようというわけです」

乙　　氏「わかりました。放っておいても前に進みません。訴訟で争って
　　　　　　みたいと思います」

弁護士A「わかりました。B先生、ちょっと勉強してどのような方法で進
　　　　　　めていくか検討してみてください」

VI
弁護士Bの検討

1　弁護士Bの直感

　農振除外の法的性質が行政計画の変更というのであれば、有名な青写真論
判決（最判昭和41・2・23民集20巻2号271頁・行政百選Ⅱ〔第5版〕159事件）か
らすれば、計画自体が、「青写真にすぎず、公告されても、直接特定個人に
向けられた具体的な処分ではない」ということになり、計画の変更も当然具
体的な処分ではないということになる。都市計画法に基づく地区計画の決定、
告示や用途地域の指定についても処分性を否定する最高裁判例がある（前者
につき最判平成6・4・22判時1499号63頁・重判解〔平成6年〕行政3事件、後者
につき最判昭和57・4・22判時1043号43頁・行政百選Ⅱ〔第5版〕161事件）。

　確かにA先生がいうとおり、直ちに処分性を認めることには相当に困難がありそうだ。

　しかし、平成14、15年頃から、最高裁判所の処分性に関する考え方が変わってきている流れがある。今までは厳格に、講学上の「行政行為」に該当するような行為形式に処分性を認めてきたが、最近は関連法令を含む法体系全体から、直接具体的な法効果が発生するかという観点も重視されている。病院開設中止の勧告が争われた事件（最判平成17・7・15民集59巻6号1661頁・行政百選Ⅱ〔第5版〕167事件）では、勧告自身には直接的な法律効果をもたらさないとしても、勧告を受けたことにより、保険医の指定が受けられなくなる相当の確実さがあるという効果があることを重視して、講学的には「行政指導」と定義されるであろう勧告について処分性を認めた。

　この流れや考え方からすれば、農業地区域整備計画が指定され、農用地と用途を指定されれば、間接的であるにせよ、農転ができなくなるという効果が発生することは間違いない。申請権はないというが、現実には、私人からの申出に応じて、農振除外を行うという運用が定着している。そうであるとすれば、実質的に処分と同視して、処分性を認めるべきであろう。

　農振除外に対し、処分取消しの訴えの方向性で理論構成を行おう。

　ただ、処分性が認められない公算も高い。その場合に備えて、予備的に実質的当事者訴訟として、何らかの確認訴訟を併合しよう。

2　農振除外の法的構造

　農業振興地域内にある市町村は、区域内にある農業振興地域について農業振興地域整備計画を定め、この中で「農用地区域」などの農業上の用途区分を定め（農振8条1項・2項）、公告する（同法12条1項）。

　市町村は、経済事情の変動等により農業振興地域整備計画の変更が必要となった場合には、これを変更しなければならない（農振13条1項）。ただし、当該計画のうち、農用地等以外の用途に供することを目的として農用地区域

内の土地を農用地区域から除外するために行う農用地区域の変更を行う場合、すなわち農振除外を行う場合は、農振法13条2項1号ないし5号に定める要件のすべてを満たす場合に限り変更することができると定められ、当該変更を行った場合は、その旨が公告される（同法13条4項、12条）。

　農振法のこれらの規定からして、農振除外は、私人からの申請によらず、市町村がいわば職権で、計画の変更を行い、これを公告（私人に対する個別具体的な意思表示ではない）することによって行われる。

　私人の申請権を認める規定はなく、計画変更、公告という行為形式が採用されていることからして、講学上の「行政行為」の定義にはあてはまらない。農振法の規定のみからすれば、「その行為により直接に国民の権利義務を形成し又はその範囲を確定することが法律上認められているもの」（最判昭和39・10・29民集18巻8号1809頁・行政百選Ⅱ〔第5版〕156事件）に該当するとはいえない。

　しかし現実の運用においては、私人からの農振除外の申出を受けて、市町村（農業委員会）が要件充足性を判断し、除外（計画変更）をする、しないの判断を行っており、実態としては、私人の申請に対する行政の応答処分という一面が存在する。

3　判例の検討

　最高裁判所の判例はみあたらないが、下級審の判例としては、概要以下のとおり、肯定、否定の判断が分かれている。

①　千葉地裁平成6年2月23日判決（平成4年（行ウ）第7号）行裁集45巻1・2号147頁〔農業振興地域整備計画変更申請不承認処分取消請求事件〕　処分性を否定
　農振解除の申請が却下されたとしても、農用地区域内の農地であるという法律関係が何ら変更されないまま維持されることになり、法令

上、申請権を認める規定もないことから申請人の権利義務に変動を及
ぼすものではない。

②　東京高裁平成9年5月22日判決（平成8年（行コ）第144号）高民集
　50巻2号218頁〔農用地利用計画変更決定取消請求事件〕　処分性を
　否定

　　農用地利用計画の変動は、法令が制定された場合に生じる一般的抽
　象的制約にすぎない。

③　神戸地裁平成2年9月19日判決（昭和61年（行ウ）第27号）行裁集41
　巻9号1519頁〔農用地利用計画取消請求事件〕　処分性を肯定（た
　だし、非農用地であった土地を農用地とする農業振興地域整備計画に関す
　る事例）

④　千葉地裁昭和63年1月25日判決（昭和56年（行ウ）第4号）判時1287
　号40頁〔農業振興地域整備計画軽微変更却下処分取消請求事件〕
　処分性を肯定（ただし、農振法13条4項の軽微変更に関する事例）

　③判決は、農振除外（計画変更）に関する事例ではなく、計画策定そのも
のに関する事例である。本件でも、農業振興地域整備計画において、本件農
地を農用地としたことそのものを争う方法も一応は考えられるが、農業振興
地域整備計画の策定については、土地所有者や権利者には異議の申出という
形で救済手段が認められており（農振11条3項）、これを経由していない以上
処分性を認めてまで救済すべしとの判断を得ることは難しい。また、そもそ
も論として、処分性が認められるとすれば、出訴期間を経過した処分という
こととなってしまい（計画策定は20年以上前）、結論的に却下判決が下される
であろう。農業振興地域整備計画そのものを争う方法は適合性がない。

　①②の判決は、事例にも合致し、特に②の判決は高等裁判所の判断という
点において重みがあり、壁となる。

　④判決は、軽微変更の事例であり、本件にまで射程が及ぶかという問題が

ある。しかし、処分性を認めたその理論構成は大いに参考になる。④判決は昭和63年当時の法令を基に判断されているが、処分性を認めるに至ったその考え方は、近時の最高裁判例の傾向と一致している。さらに、農地法は平成10年に改正された際に農転許可の許可基準が明文化され（農地5条2項）、立地基準により、農用地においては原則として許可されないことが農地法で法定されたという経緯がある。その意味においては、②判決も平成10年農地法改正以前の法令を基礎としており、同法改正後では、②判決の射程は及ばないと考えれば活路が見い出せる。

　④判決の理論構成をベースに、平成10年以降の農地法の改正規定を盛り込むことで処分性を肯定すべきとする理論構成を行うこととする。

　④判決の要旨は以下のとおりである（なお、法令は昭和63年当時のもの）。

ⓐ　農業振興地域整備計画が認可、決定されると（農振8条1項・3項）、農用地区域内における開発行為が制限され（同法15条の15）、また、同区域内の農地等について農用地利用計画において指定された用途以外への転用の許可が得られなくなり（同法17条）、そのほか、同区域内の土地につき指定された用途に供すべき旨の勧告等がされ（同法14条、15条）、特定利用権の設定に関する協議を求められる等種々の法的効果が発生する。

ⓑ　（軽微変更固有の問題であるので割愛）

ⓒ　（軽微変更固有の問題であるので割愛）

ⓓ　農地法4条の農地転用許可申請をして、その不許可処分を争うことができるので、軽微変更の可否について争えないとしても権利救済に欠けるところはないというが、前記のように、農用地区域内の土地は軽微変更がなされない限り転用許可は得られないのであるから、軽微変更が容認されなければ農地転用が不許可となることは目に見えている。

ⓔ　農地法4条の農地転用許可申請不許可処分の抗告訴訟にて、軽微変更がなされないことの違法を主張することは、処分庁の違う（許可は都道

府県知事、軽微変更は市町村）処分の違法の承継の問題もはらんでおり、困難といわざるを得ない。

　ⓕ　このようにみてくると、農用地利用計画において、その権利の制限を受けている土地所有者等が、その制限の一部解除を求める権利は留保されてしかるべきであり、土地所有者等の意思の発動を前提としていると考えられる施行令5条1項の、2号と4号との軽微変更に関しては、土地所有者等の申請権を条理上肯定すべきである。

ポイントは、

　㋐　農用地区域の指定がなされると各種法的制約が発生すること（ⓐ）

　㋑　救済の困難性（ⓓ、ⓔ）

から条理上の申請権を認め、処分性を肯定したものである。

　この2点を中核に、処分性を肯定すべきとする理論構成を行う。

4　処分性の理論構成

(1)　法的効果

　平成10年の農地法改正により、農用地農地は原則として農転許可をしないことが明示された（宇賀克也『行政法概説Ⅰ〔第6版〕』36頁、37頁）。これにより、農用地区域の指定がなされると、農転が不可能となる個別具体的制約（法的効果）が発生することとなり、農振除外とは、この制約の個別具体的解除にほかならない。農用地区域の変動は、法令が制定された場合に生じる一般的抽象的制約とは全く異なる。

(2)　申請権

　実際の運用として、私人の申出に対する応答として農振除外がなされており、条理上申請権を肯定できる。

(3)　救済の必要性（紛争の成熟性）

　事後予想される農転許可拒否処分取消しの訴えの中で農振除外の違法性を争うことは、著しく妥当性を欠き救済に資さない。

違法性の承継が認められるかという理論的な問題のほかに、妥当性の問題がある。農転許可拒否処分取消しの訴えの被告は、当該行政庁（都道府県知事）の所属主体である都道府県であるが、農振除外の権限者（判断者）は、市町村であり、都道府県を被告とする訴訟において、農振除外の違法性の有

〔図15〕　一般的な申請に基づく処分

〔図16〕　農用地区域の変更

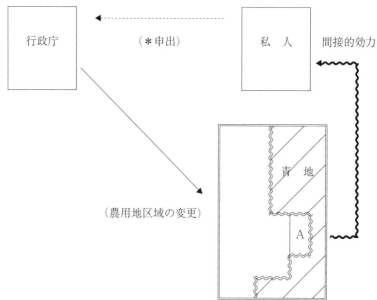

（注）　申出は、法の定める要件ではない

無につき第三者である都道府県は有効な攻撃防御を行うことはできない。農振除外の違法性の有無を直接当事者間で争わせたほうが有効、直接的であり、その観点からは違法性の承継を認めるべきではない。

5　訴訟戦術

(1)　総　論

農振除外の申出に対し、これを受け付けなかったことを拒否処分ととらえて、農振除外拒否処分取消しの訴えを提起する。

ただし、処分性が認められない場合に備え、予備的に実質的当事者訴訟としての確認訴訟を併合提起する。

(2)　申請権にかかわる立証

処分性に関して、法的効果や救済必要性の点は、法令解釈、評価の問題に尽きる。しかし、現実の運用として申請権が認められるという主張は、主張だけではとうてい認定されるに至らないと考えられる。そのような運用が多数行われているという事実の立証が不可欠であり、本件訴訟の死命を決する可能性がある。

具体的に、いかなる方法によりこれを立証するかは難しい問題である。

各市町村の公式ホームページをみると、農振除外の申出に関するページがあり、申出書のひな形や、申出の方法等が詳しく解説されている。これはこれで1つの間接事実にはなるが弱い。最後の手段としては市職員の証人尋問で聞くという方法があるが、それはあくまで最後の手段であり、書証の形で立証できれば堅い。

行政事件訴訟法23条の2は、釈明処分の特則を定める。この規定自体は、処分または裁決の根拠となる法令の条項や原因となる事実等を明らかにする資料についての釈明処分を認めたにすぎないものだが、求釈明を利用するという方法がある。個別具体的事情に関しての求釈明には、被告としても情報保護を理由に拒むであろうが、統計資料にすぎないものであれば、拒む理由

はなく、裁判所も釈明処分を認めてくれる可能性がある。

立証したいのは、運用として申出→農振除外という実態が成立していることであるから、下記①②の点に関しては、まずは求釈明で対応する。

① 過去20年間の農振除外の件数

② 前記①のうち、職権で（私人の申出がなくて）農振除外した件数

これに回答してもらえれば立証の目的は達成できる。仮に②が0件であれば、農振除外とは、農振法の規定にかかわらず、申出がなければ行われないものであること、すなわち申請に対する応答として行われるものであることが明らかとなる。求めている事項自体は、単なる件数という統計上の数字だけで被告が拒む理由もない。

(3) 予備的請求（実質的当事者訴訟）の具体的内容

平成16年の行政事件訴訟法改正により、実質的当事者訴訟として、「公法上の法律関係に関する確認の訴え」（同法4条）が明文で規定されるに至った。これは、処分性を認めがたい行政行為形式（行政契約、行政計画、行政指導等）につき、「公法上の法律関係に関する確認の訴え」を活用すべきとの立法者のアピールといわれている。

その意味では、まさに処分性に問題がありそうな本件では適合がある訴訟類型であるといえる。

実質的当事者訴訟を検討するにあたり、実務的な問題として以下の3点が考えられる。

① 実質的当事者訴訟としての確認訴訟のみ提起しても、勝訴さえすれば結論に差異はないので、無理に処分取消しの訴えを提起しなくてもよいのではないか

② 処分取消しの訴えのみを提起し、問題があれば審理過程で実質的当事者訴訟としての確認訴訟に訴えの変更を行うことも可能であり、当初から予備的に併合する意義があるか

③ 実質的当事者訴訟としての確認訴訟を提起するとして、具体的に

新刊のご案内

2020年12月

(2020年11月～2020年12月分)

🄼 民事法研究会

http://www.minjiho.com/

※書籍の価格はすべて本体価格（税抜）の表示となっておりますが、ご注文いただくか、または弊社へ直接ファクシミリにてご注文ください。
※ご注文は、最寄りの書店へご注文いただくか、または弊社へ直接

12月刊

クレーマー対応の実務必携
Q&A ——知っておくべき基礎知識から賢い解決法まで——

A5判・331頁・定価 本体3,200円+税

岡本健志・香川希理・川田 剛・木村裕史・斎藤悠貴・鈴木哲広・藤川 元 北條孝佳 著

著作権法〔第5版〕

A5判・554頁・定価 本体5,500円+税　岡村久道 著

コンパクト倒産・再生再編六法2021——判例付き——

A5判・731頁・定価 本体3,900円+税　編集代表 伊藤 眞・多比羅誠・須藤英章

共有不動産の紛争解決の実務〔第2版〕

A5判・442頁・定価 本体4,000円+税　弁護士・司法書士 三平聡史 著

Q&A ［用］

アンケートご協力のお願い

FAX ☎ 03-5798-7258

購入した書籍名	事例に学ぶ行政事件訴訟入門〔第2版〕

● 弊社のホームページをご覧になったことはありますか。

・よく見る　　　　・ときどき見る　　　　・ほとんど見ない　　　　・見たことがない

● 本書をどのようにご購入されましたか。

・書店（書店名　　　　　　　　　）　　　　・直接弊社から

・インターネット書店（書店名　　　　　　　　　）　　　　・その他（　　　　　　　）

・贈呈

● 本書の満足度をお聞かせください。

（　　0　　1　　2　　3　　4　　5　　6　　7　　8　　9　　10　　）

● 上記のように評価された理由をご自由にお書きください。

● 本書を友人・知人に薦める可能性がどのくらいありますか？

（　　0　　1　　2　　3　　4　　5　　6　　7　　8　　9　　10　　）

● 本書に対するご意見や、出版してほしい企画等をお聞かせください。

■ ご協力ありがとうございました。

住 所（〒　　　　）

フリガナ

氏 名　　　　　　　　　　　　　　　　　　　　　　　　　　TEL.（　　　）　　　　内
（担当者名）

　　　　　　　　　　　　　　　　　　　　　　　　　　　　FAX.（　　　）

お得な情報が満載のメルマガ（新刊案内）をご希望の方はこちらにご記入、もしくは表面のQRコードにアクセスしてください。

Email：　　　　　　　　　　　　　　　　　　　　　　　　　　（メルマガ希望の方のみ）

注文申込書

ご注文はFAXまたはホームページにて受付けております

FAX 03-5798-7258
http://www.minjiho.com

本申込書で送料無料になります

※弊社へ直接お申込みの場合にのみ有効です。

※ホームページからご注文する際は、下記の
クーポンコードをご入力ください。送料が
無料になります。

クーポンコード　minjiho2020
有効期限　2021年3月31日まで

お申込日　令和　　年　　月　　日

書籍名

市民と法【年間購読】年6回刊・年間購読料 9,600円（税・送料込）　　　　冊　　　号から購読申込み

（新刊案内2012）

個人情報の取扱い　ご記入いただいた個人情報は、お申込書籍等の送付および書籍等のご案内のみに利用いたします。

「何」の確認を求めるべきか

①の問題に関しては、勝ち負けのレベルでみれば確かにどちらで勝とうが同価値であるが、判決の拘束力（行訴33条2項・3項）の点で差異があり、処分取消しの訴えは提起すべきである。判決の拘束力のうち、拒否処分を取り消した場合に行政庁に判決の趣旨に従いあらためて申請に対する処分を義務付ける規定（同項）を実質的当事者訴訟は準用していない（同法41条1項。なお、33条1項は準用している）。すなわち、実質的当事者訴訟としての確認訴訟で勝訴判決を得たとしても（何らかの行為が無効であるとの確認）、行政庁は、判決の趣旨に従って申請に対する処分を行う義務はなく、行政庁が判決後も事態を放置すれば、勝訴判決を得ても実益がないこととなる。その観点からは、処分取消しの訴えに基づく勝訴判決を得たほうが実益がある。

②の問題に関しては、確かに審理途中で訴えの変更を行うことでも対応できるが、裁判所がそのような訴訟指揮を確実に実施する保障があるならば格別、予備的に併合することによるデメリットがない以上、保険として予備的に併合しておいたほうが無難である。

以上の観点から、本件では、処分取消しの訴えを主位的請求とし、実質的当事者訴訟としての確認訴訟を予備的に併合する方針で進めることにする。

③の問題に関しては、悩ましい問題である。公法上の法律関係の確認訴訟であるから、理論的には何とおりもの構成が可能であるが、その中から、最も効果的な構成を選択しなければならない。

本件においても、ざっと考えただけで以下の確認訴訟が考えられる。

ⓐ　農林水産大臣の農用地等の確保等に関する基本指針（農振3条の2）の無効確認

ⓑ　都道府県知事の農業振興地域整備基本方針（農振4条）の無効確認

ⓒ　都道府県知事の農業振興地域の指定（農振6条1項）の無効確認

ⓓ　市町村の農業振興地域整備計画（農振8条1項）の無効確認

ⓔ　市町村の農用地区域の指定（農振8条2項）の無効確認

ⓕ　市町村が農振除外の申出に基づく計画変更を行わなかったことの違法確認

ⓖ　本件農地が、農用地区域に該当しないことの確認

　前記のうち、ⓐ〜ⓓまでは、具体的紛争のレベルからかけ離れすぎており理論的可能性にとどまる。

　ⓔについては、本件においては農用地区域の指定がなされてから20年以上経過しており、当時の状況（違法事由）を立証することは困難であり適合がない。

　してみれば、ⓕかⓖかということになる。原告たる乙氏が求めていることは、本件農地の農転である。そのためには本件農地が農用地ではないと公権的に確定されることが先決問題であり、農用地でないとの確認判決が確定すれば、M県知事もその判決の趣旨を尊重せざるを得ない。そのような観点から、最も事案の処理に適合する、ⓖの農用地区域に該当しないことの確認を求めることとする。

Ⅶ　訴訟提起

　理論構成および訴訟戦術に従い、【書式7】のとおり訴状を作成し、提起する。

　管轄、訴額、被告適格等の問題は、〈*Case*②〉（98頁）と同様である。

【書式7】　訴状（*Case*③）

訴　　　状

令和 XX 年 X 月 X 日

M地方裁判所　御中

原告訴訟代理人弁護士　　　A
同　　　　　　　　B
〒000-0000　Z県Y市○町○丁目○番○号
原　　　　　告　　　乙
（送達場所）
〒000-0000　B県C市○町○丁目○番○号
原告訴訟代理人弁護士　　　A
（主任）同　　　　　　　B
電話　00-0000-0000　FAX 00-0000-0000
〒000-0000　M県N市○町○丁目○番○号
被　　　　　告　　　N　市
同市長　○　○　○　○
（処分をした行政庁）
〒000-0000　M県N市○町○丁目○番○号
N市長　○　○　○　○

農用地区域からの除外申出拒否処分取消等請求事件

訴訟物の価格　　　金（農地の価額）円
貼用印紙額　　　　　　金　　　円

請求の趣旨

（主位的請求）

1　被告が令和 XX 年 X 月 X 日付 N 農発××号をもってなした「農業振興整備計画に係る農用地区域からの除外の申出については受付できない」との処分を取り消す。

2　訴訟費用は被告の負担とする。

との判決を求める。

（予備的請求）

1　別紙物件目録記載の土地は、農業振興地域の整備に関する法律第 8 条に定める農業振興地域整備計画のうちの農用地区域に該当しないことを確認

する。

2　訴訟費用は被告の負担とする。

との判決を求める。

請求の原因

1　（当事者及び本件土地の概況）

　　原告は、別紙物件目録の土地（以下「本件土地」という。）の所有者である（甲1・登記簿謄本）。

　　本件土地は、地目がそれぞれ「田」及び「畑」であり、地目上農地であるが、原告は既に営農を止めており、今後も本件土地において営農する意図はなく、現況は荒れ地である（甲2・写真撮影報告書）。

　　本件農地近隣の土地利用関係は、甲3号証・公図（赤斜線部分が本件土地）、甲4号証・住宅地図（赤斜線部分が本件土地）のとおりであり、三方を駐車場用地に囲まれ、周囲の農地からは完全に孤立し、農地としての集団性は全く欠ける（甲2）。

2　（本件土地の区分）

　　原告は、本件土地につき営農を継続する意向はなく、本件土地の有効利用の観点から本件土地を訴外Aに譲渡することを企図した。

　　本件土地は農地であり、その譲渡及び農地以外への転用を行う為には農地法5条の許可（以下「5条許可」という。）が必要となる。

　　農地法5条2項は、5条許可のいわゆる立地基準を定めている。その概要は、次ページ（筆者注：〈表6〉参照）のとおりである（甲5・「農地法の一部を改正する法律の施行について」を図表化したもの）。

　　前記図表（筆者注：〈表6〉参照）のとおり、農業振興地域の整備に関する法律（以下「農振法」という。）第8条に定める農業振興地域整備計画のうちの農用地区域（以下「農用地」という。）内農地であれば、原則として5条許可は下りず（農地法5条2項1号イ）、5条許可下付の前提として、農振法13条2項に定める農用地区域の変更（以下「農振除外」という。）を受け、農用地からの除外（これによりいわゆる甲種農地、第1種農地、第2種農地、第3種農地のいずれかの立地基準が適用されることとなる）を経ておく必要がある。

3　（本件農振除外申出）

　　原告は、農振除外が必要であるとの被告の指導に従い、平成 XX 年 X 月 X 日付けで、被告に対し、本件土地を訴外Aの駐車場用地として譲渡することを目的として、訴外Aと共に、本件土地を農用地区域から除外するいわゆる農業地区域整備計画の変更（農振法13条2項）の申出を行った（甲7・申出書）。

4　（本件処分）

　　被告は、本件申出に対し、農用地区域の除外の基準に適合しないためとの理由により、申出書を受付できないとの通知（以下「本件処分」という。）を行った（甲8・通知書）。

　　なお、本件処分に先立ち、原告と訴外Aは、本件土地につき5条許可申請を行ったが、拒否処分がなされた。

5　（訴訟要件）

①　（主位的請求―処分性）

　　本件処分は、行政事件訴訟法3条2項に定める「行政庁の処分その他公権力の行使」に該当し、いわゆる処分性を有する。

　　すなわち、本件処分は、一般的抽象的な計画の変更ではなく、個々の事例毎に、農振除外の申出という申請を受け、申請毎に農振法13条2項各号の要件に該当するかを行政庁が審査し、当該申請に対する応答という形で農用地区域の変更の可否＝申請の承認、不承認という行政庁の意思表示が行われるものである。そして、平成10年の農地法改正により、農地法4条ないし5条の許可要件としての営農条件の区分がなされ、農用地内の農地に関しては、農地法4条ないし5条の許可は、農振法10条3項の農用地利用計画において指定された用途に供する場合以外は下付されないことが明文化された。農用地区域の変更は、単なる「青写真」とは言えず、農用地区域内に土地を所有する一般私人に対して、自己の所有する土地を農地以外のものに転用しうるか否かという所有権に対する制約の程度を、すなわち、個別具体的な権利義務の変動を、生ぜしめるものであって処分性を有するものである。

　　また、「紛争の成熟性」に欠けるということもない。なるほど、確かに後に予想されうる5条申請に対する拒否処分に対する拒否処分取消訴訟等において、農用地区域の変更の違法性を争うことも考え得る。しか

し、当該農地が農用地に該当する以上、農地法5条2項1号イの基準を充足しないとの理由で、5条許可は下付されないのであり、5条許可による農地の転用を企図する者にとって、許可基準の前提である農用地に該当するか否かを争った方がより直接的であり、紛争解決に資する。

　適切な訴訟手続遂行の観点からしても、農用地区域の変更を直接争った方が合理的である。仮に5条許可拒否処分の中で農用地区域の変更の違法性を争うとすれば、形式的な被告は、5条申請の処分庁の帰属する主体たる国（農水大臣）ないし都道府県となるが（農地法5条）、農用地区域の変更は、市町村長の権限であり（農振法8条1項、2項1号）、被告として最も適切に訴訟行為をなし得るのは、当該市区町村である。訴訟参加の規定は存在するものの、形式的な被告と実質的な被告が乖離するという不合理な結果が招来されることとなる。

②　（予備的請求―確認の利益）

　仮に処分性が否定されたとしても、原告には、「公法上の法律関係に関する確認の訴え（行政事件訴訟法4条）」として、確認の利益を有する。「公法上の法律関係に関する確認の訴え」は、平成16年の行政事件訴訟法の改正において明文化されたものだが、その立法者意思及び法趣旨は、平成16年改正では処分性に関する改正を見送るかわりに、「確認の訴え」等により処分性を拡大するのと同じ効果をもたらそうとするものである（衆議院法務委員会平成16年4月27日実川幸夫法務副大臣答弁、山崎潮司法改革推進本部事務局長答弁等）。

　斯様な平成16年改正の立法者意思及び立法趣旨からすれば、本件処分につき処分性を否定するのであれば、一般私人の救済の見地からも確認の利益は認めて然るべきである。

6　（違法性）

　（略）

7　（まとめ）

　よって、原告は、請求の趣旨記載の判決を求めるものである。

証拠方法

1　甲1　不動産全部事項証明書

2　甲2　写真撮影報告書

3　甲3　公図
4　甲4　住宅地図
5　甲5　農地法の一部を改正する法律の施行について
6　甲6　（略）
7　甲7　申出書
8　甲8　通知書

付属書類

1　甲号証写し　各1通
2　訴訟委任状　　1通

以上

物件目録

（略）

Ⅷ 審 理

1　第1回口頭弁論期日まで

第1回口頭弁論期日までに答弁書が提出される。

当然のことであるが、本案前の答弁として、「処分性を欠き訴訟要件を満たさず、却下判決を求める」との主張がなされた。

第1回口頭弁論期日、被告のほうからは、農転除外に処分性がないことにつき、さらに詳細な主張を行うとのことで次回準備書面を提出する予定であるとのこと。それはそれで内容を読んで対応することにする。

当方からは、例の求釈明を期日間に提出してある（【書式8】参照）。

【書式8】　求釈明申立書（*Case* ③）

令和 XX 年（行ウ）第〇号事件　　　　　　　　　　　　　　　　直送済

原　　告　　乙
被　　告　　N市

求釈明申立書

令和XX年X月X日

M地方裁判所民事部合議係　御中

原告訴訟代理人弁護士　　　　A
同　　　　　　　　　　　B

　　いわゆる農振除外申請の運用を明らかにするため、被告に対し、下記の
　点につき釈明を求める。

記

1　過去20年間、N市において、農業振興整備計画に係る農用地区域からの
　除外の申出（いわゆる農振除外申請）がなされた件数。

2　過去20年間、N市において、農業振興整備計画に係る農用地区域からの
　除外の申出（いわゆる農振除外申請）によらず、職権で農用地区域からの
　除外を認定した件数。

以上

　この求釈明に対し、どのような対応がなされるかが1つの問題である。そ
もそも裁判所としても釈明の必要なしと考えるのであれば、被告職員の証人
尋問の申請、実施を考える必要がある。

　裁判長「原告から求釈明が出ていますが、被告のほうで任意に回答する意
　　　　　向はありますか？」

　被　告「釈明に応じる必要はないと考えます」

　裁判長「でも、釈明を求めている事項ですが、これは単なる数字ですよね、
　　　　　回答できなくはないでしょう。回答して何か支障があるような内
　　　　　容とも思えませんが」

　被　告「わかりました。回答できるか検討し、できるようでしたら回答し

　ます」

　ひとまずよかった。被告が回答してくれるかどうか確定的でないが、少なくとも裁判所にはねられることはなかった。

2　第2回口頭弁論期日まで

　期日間に被告から準備書面と求釈明に対する回答がなされた。

　求釈明に対する回答内容は、①過去20年間の農振除外件数は802件、②そのうち申出によらないもの（職権）の件数は0件。

　驚いた。職権による件数は少ないだろうと予想していたが、過去20年間で0件とまでは予想していなかった。全件について申出に基づいて行われているということであり、実態として申出→応答という関係が存在することの立証ができた。後は、この事実を基にしての裁判所の評価の問題だ。条理上申請と同視できると評価してもらえれば、処分性を肯定する大きな要素となる。

　準備書面のほうは、処分性を否定した判例（前掲東京高判平成9・5・22と千葉地判平成6・2・23）が引用され、それを敷衍するものであった。

　これに対する当方の再反論の書面として、求釈明に対する回答およびそこから帰納される申請権の存在を積極的な主張として展開し、被告が引用する処分性を否定する判例に対しては、その理論構成上の問題点の指摘（平成10年の農地法改正以前の判例であること）と処分性を肯定する判例も存在すること（前掲千葉地判昭和63・1・25、同神戸地判平成2・9・19）、その理論構成が否定判例より説得的であること等をまとめ、提出する。

3　結審まで

　第2回口頭弁論期日以降は、主として実体的違法性の論点についての攻防が行われ、主張整理の後、証人尋問が実施され結審した。

IX
判　決

　判決は、処分性を認めた。

　理由の骨子は【書式9】のとおり。前掲千葉地判平成6・2・23を踏襲している。

【書式9】　判決理由骨子（*Case* ③）

(1)　市町村の定める農業振興地域整備計画中で定められている農用地利用計画は、農用地として利用すべき土地の区域（農用地区域）とその区域内にある土地の農業上の用途区分を設定するものであって（農振8条）、そのため、整備計画が決定されると、次のような法的効果を生ずる。

　　すなわち、当該土地が、農用地区域に指定されることにより、開発行為の制限がされ（農振15条の2）、これに反して開発行為がなされた場合には、都道府県知事は、開発行為の中止ないし復旧に必要な行為をすべき旨を命じることができる（同法15条の3）。国および地方公共団体は、農用地利用計画を尊重して、農用地区域内にある土地の農業上の利用が確保されるように努めなければならず（同法16条）、農用地利用計画において指定された用途以外の用途に供することは制限される（同法17条）。農用地区域内にある土地が農用地利用計画において指定した用途に供されていない場合、市町村長は、当該土地の所有者に対し、農用地利用計画において指定した用途に供すべき旨を勧告することができ（同法14条1項）、勧告を受けた者がこれに従わない場合は、その者に対し、農用地利用計画において指定した用途に供するため、その土地について所有権等を取得しようとする者と協議をすべき旨を勧告することができる（同条2項）。さらに、この協議が調わない場合、市町村長の申請により、都道府県知事は、調停を行うこととされている（同法15条1項・2項）。

(2)　このように、農用地区域内の農用地として指定されると、土地所有権者等には使用制限がなされるなどさまざまな負担が課せられるのである。そして、農用地区域内の土地所有者が、このような負担を免れようとするときには、

農用地利用計画の変更の決定がなされなければならないとされている。

(3)　農振法は、農用地利用計画の変更につき、同法13条において定めていると
ころ、同条１項は、基礎調査の結果によりまたは経済事情の変動その他情勢
の推移により必要が生じたときは、遅滞なく農業振興地域整備計画を変更し
なければならないとし、同条２項は、農用地等以外の用途に供することを目
的とした農用地区域の変更の要件につき、定めている。同条２項の場合、除
外されるためには、当該農業振興地域における農用地区以外の区域内の土地
利用の状況からみて、当該変更に係る土地を農用地等以外の用途に供するこ
とが必要かつ適当であって、農用地区域外の区域内の土地をもって代えるこ
とが困難であると認められること、当該変更により、農業上の効率的かつ総
合的な利用に支障を及ぼすおそれがないと認められること、当該変更により、
農用地の保全または利用上必要な施設の有する機能に支障を及ぼすおそれが
ないと認められること、当該土地において土地改良事業等が行われた場合に
は、当該土地が、農業に関する公共投資により得られる効用の確保を図る観
点から政令で定める基準に適合していることなどの要件をすべて満たす必要
があるところ、これらの要件の有無を判断するにあたっては個々の土地の具
体的な状況を勘案する必要がある。また、当該土地を農用地等以外の用途に
供する目的による変更自体、土地所有者等の土地利用目的の変更の必要性を
契機とすることが予定されているものと解される。

(4)　農用地からの除外を望む土地所有者は、被告が定めた「農業振興地域整備
計画の管理に関する運用方針」に基づき、被告に、除外の申出をすることに
なるが、同運用方針第４によれば、申出には６月および12月の第１金曜日と
締切日が定められ、さらに同申出には、「農業振興地域整備計画の管理に関
する事務処理要項」に基づき、変更後の使用目的に係る資料、理由書などの
書類を添付した申出書を提出する方法によって行うことが要求されている。
そして、被告は、これを受けて、農業振興協議会への諮問、県との事前協議
等を経て変更を決定し、公告・縦覧の後、申出をした土地所有者に除外の可
否について通知がされることになっている。

　なお、過去20年間に農用地区域からの除外の申出件数は、802件であり、
申出に基づかず、農振法13条２項に基づき農用地区域から除外した件はない。

　このように被告が運用方針等を定めていることおよび上記の申出の実情は、

除外の認定にあたって、当該土地の個別的属性を検討する必要があり、職権でこれを探知するのは困難であること、土地所有者の土地利用目的変更の意思が利用計画変更の前提となることを示しているということができる。

(5)　以上の事実に鑑みると、農用地利用計画において、その土地の利用に制限を受けている土地所有者等が、その制限の解除を求める権利は留保されてしかるべきであり、上記のとおり、農振法13条2項による農用地利用計画の変更は、職権によりこれを行うことが事実上難しく、土地所有者の意思の発動を契機としていると考えられ、実際上もそのような運用がなされていることからすれば、同項による変更について、土地所有者等の申請権を肯定すべきである。

　　被告は、開発行為の制限は農用地利用計画により直接的に生じるものではなく、土地の形質変更等が都道府県知事の許可にかからしめられ、許可なしには土地の形質変更等ができないとされているにとどまるものであり、農地転用の制限も、農地法の許可をする都道府県知事に対して、その許可をするにあたっては、当該土地が農用地利用計画において指定された用途以外の用途に供されないようにしなければならないという方針を指示するにとどまるものであって、このような制約は、不特定多数の者に対する一般的抽象的なものであって、不特定多数の者に対する侵害が生じるものではないと主張するが、前述のとおり、実際に農地の転用や開発許可をしようとした場合には、農用地として指定されていない土地と比較して、その目的外利用に困難を伴うことは否めないのであるから、被告の主張するような事情は農用地利用計画設定および変更の決定の処分性を否定する理由に一応なりうるとしても、このことのみをもって農用地利用計画変更の申請を認めることを否定する理由とはならない。また、被告は、農地転用許可申請をして、その不許可処分を争うことができるから、紛争の成熟性がないと主張する。しかし、農用地区域から除外されない限り、農振法17条および農地法5条2項1号イにより、農地転用許可申請をしても不許可になることはほぼ確実であり、実際に原告が本件土地につき、農地法5条による農地転用許可申請をしたところ、農用地除外証明書の添付がないなどとして転用許可申請は受理されなかった。また、本件土地についての農用地区域からの除外に関しては市町村に権限があり、農地転用許可は県知事の権限であるから、農地転用許可申請の不許可処

分を争う際に、農用地利用計画の変更がなされないことの違法を主張することは、違法性の承継の問題を含み、困難といわざるを得ない。上記の違法性の承継の問題を鑑みれば、農用地除外の要件を満たしているか否かの主張および証拠収集の難易の問題と、農用地利用計画の変更がなされないことによる所有権者等の不利益の救済の難易の問題とは必ずしも同一ではないのであって、このことをもって、農地転用許可申請の不許可処分を争うほうが合理的であるとか、農地利用計画の変更がなされないこと自体について争えないとしても権利救済に欠けることはないとかいうことはできない。

⑹　そうすると、本件においては、原告のなした農用地利用計画の変更の申請は、農振法13条２項によるものと解されるから、この申請を容認しないものとした本件受理拒否通知は、抗告訴訟の対象となるべき行政処分ということができる。

※処分性を肯定した裁判例としてさいたま地判平20・2・27判自308.79。否定した裁判例として名古屋高判平29・8・9判タ1446.70、その判例評釈として、藤代浩則「農業振興地域農用地区域除外と処分性」専修ロージャーナル第14号211頁がある。

第4章　営業停止処分、仮の差止め・差止めの訴え

I　事案の概要

〈*Case* ④〉

　丙株式会社は、一般建設業の許可を取得し、内装仕上工事業を行う会社である。従業員は数年前までは4名ほどいたが、人手不足により現在は代表者である丁氏と社員2名の零細企業である。

　会社としては適正に業務を行ってきていたが、許可権者であるK県知事より、5日間の営業停止処分が予定されるので行政手続法13条1項2号に基づく弁明の機会の付与として、弁明書の提出を促す旨の通知を受けた。

　丙社の代表者である丁氏としては、営業停止処分を受けるいわれはないと考えており、何とか事前にこれを阻止したいと考え、弁護士に相談した。

II　注視すべき点

〈*Case* ④〉における、注視すべき点は、以下の3点である。

①　不利益処分の事前差止方法

② 差止めの訴えにおける訴訟要件の重点項目
③ 差止めの訴えの実務的利用方法

Ⅲ
丁氏との相談記録

丁　氏「うちはこのとおり、K県知事から一般建設業の許可を受けています（【書式10】）。今回、このような通知（【書式11】）が送られてきて正直困っています。

何が何だかよくわからないのですが、営業停止なんて受けたら、取引先の信用失ってしまいます。何とかやめさせたいのですが、何とかなりませんか……」

【書式10】　一般建設業許可証（*Case* ④）

令和XX年X月X日

丙株式会社
丁　　様

K知事　○　○　○　○

一般建設業の許可について（通知）

令和××年×月×日付けで申請のあった一般建設業については、建設業法第3条第1項の規定により、下記のとおり許可したので、通知する。

記

許　可　番　号　　K県知事　　許可（般−×）第○○○○○○号
許可の有効期限　　令和○年○月○日から令和○年○月○日まで
建設業の種類　　　内装仕上工事業

注）許可の更新申請を行う場合の書類提出期限：令和○年○月○日

【書式11】　弁明機会の付与通知（*Case*④）

×発第○○号

令和XX年X月X日

丙株式会社　御中

K県知事　　○　　○　　○　　○

建設業法に基づく不利益処分に係わる
弁明の機会の付与について（通知）

　このことについて、行政手続法第13条第1項第2号の規定により、弁明の機会を付与しますので、下記3により弁明書を提出してください。

　なお、弁明書の提出に併せ、関係する証拠書類等を提出できます。

記

1　予定される不利益処分の内容及び根拠となる法令の条項

　(1)　予定される不利益処分の内容

　　　　建設業法第28条第3項の営業の停止

　　　　【営業の停止の内容】5日間

　(2)　根拠となる法令の条項

　　　　建設業法第28条第1項

2　不利益処分の原因となる事実

　　　建設業法第31条第1項に違反し、同法第28条第1項に定める指示に従わなかった。

3　弁明書の提出先及び提出期限

　(1)　提出先　　K県○○係

　(2)　提出期限　令和○○年○月○日

　（弁明書を提出しない場合は、その旨を連絡願います。）

　弁護士「ちょっと待ってください。弁明書の提出期限は1週間後ではない
　　　　　ですか、これは相当急がないとまずいですね」

　丁　氏「弁明書を提出すればよいのですか？」

弁護士「いえ、それほど簡単な話でもないのです。かいつまんで説明しま
　　　すね。この通知書（【書式11】）をみる限りですが、K県知事とし
　　　ては、御社に対し、5日間の営業停止処分を考えています。営業
　　　停止のような不利益な処分を行う場合、行政手続法に基づき『弁
　　　明の機会』を不利益処分を受ける者に与える必要があります。逆
　　　にいうと、弁明書の提出期限までの間にいきなり営業停止処分が
　　　なされることはないといえますが、それを過ぎれば、極論すれば
　　　翌日にでも営業停止処分がなされる可能性があります。
　　　　弁明書を提出して、行政庁が『これは弁明に理由がある。処分
　　　はやめておこう』と判断してくれればよいのですが、相手方もそ
　　　れなりの根拠や判断を経たうえで処分すると決めたのでしょうか
　　　ら、まずそのような幸運なことはないでしょう。
　　　　そう考えると、弁明書の提出以外に何か手をうつとしても1週
　　　間しか猶予期間がないと考えたほうが無難というわけです」
丁　氏「うちとしては、営業停止処分を受けるような不正なことをしたお
　　　ぼえはありません。どうすればよいですか？」
弁護士「不正な点があったのかどうか、その点は後でおうかがいするとし
　　　て、営業停止処分がなされる前にこれを止める手続はあります。
　　　行政事件訴訟法という法律に書いてあるのですが、『仮の差止め』
　　　という制度があります。これはあくまで暫定的に処分を停止させ
　　　る制度で、裁判所に申し立てて、判断をいただき、当方の主張が
　　　認められれば決定をもらえます」
丁　氏「ぜひそれでお願いします」
弁護士「ええ、やるとしたらそれしかないのですが、この仮の差止めです
　　　が、役所の判断を事前に裁判所が止めるものです。三権分立なん
　　　ていう言葉を聞いたことがあるかもしれませんが、それに抵触し
　　　かねない部分があります。そのため、認められる要件が大変厳し

い。相当にハードルが高いのです。

　　そもそもの問題として、御社に全く不正の点がなく、濡れ衣で
あったとしましょう。しかしそれだけでは駄目で、営業停止を受
けることによって『償うことのできない損害』が発生することが
認められなければなりません。『償うことのできない損害』とは
何かといえば、卑近な言葉でいえば、金で解決できない損害を示
すと考えられています」

丁　氏「難しい面があることはよくわかりました。でも手をこまねいて待
　　　っているわけにもいきません。その方向でお願いします」

弁護士「さらに仮の差止めの要件としては、本案を提起すること、つまり
　　　差止めの訴えという正式な訴訟を提起する必要があります。仮の
　　　差止めだけ申し立てることはできませんが、それもよろしいです
　　　か？」

丁　氏「結構です」

弁護士「最後にもう1点確認です。仮の差止めが認められず、営業停止処
　　　分が現実になされてしまった場合ですが、この場合は、差止めの
　　　訴えを処分取消しの訴えに変更し、可能であれば執行停止という
　　　仮の救済制度があるのでそれを行うことも考えられます。絵に描
　　　きますね（〔図17〕参照）。この場合は、すでになされた処分の効
　　　力を争うこととなりますが、そこまでやりますか？　それとも、
　　　処分がされてしまえば仕方がないと諦めてやめますか？」

丁　氏「いや、最後までやりましょう」

弁護士「わかりました。その方向で検討します。では、中身の問題として、
　　　先ほどお話ししかけた、『不正はない』という点についてうかが
　　　わせてください。

　　　　先ほどの通知書をみますと、不利益処分の原因となる事実とし
　　　て、建設業法31条1項違反と書いてありますね。今六法をみて確

〔図17〕　仮の差止めの訴えから執行停止の流れ

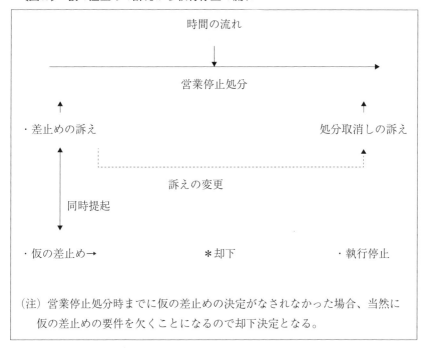

（注）営業停止処分時までに仮の差止めの決定がなされなかった場合、当然に
　　　仮の差止めの要件を欠くことになるので却下決定となる。

認しましたが、『第31条　国土交通大臣は、建設業を営むすべて
の者に対して、都道府県知事は、当該都道府県の区域内で建設業
を営む者に対して、特に必要があると認めるときは、その業務、
財産若しくは工事施工の状況につき、必要な報告を徴し、又は当
該職員をして営業所その他営業に関係のある場所に立ち入り、帳
簿書類その他の物件を検査させることができる』との規定で、い
わゆる行政調査に関する規定ですね。これの違反と通知書に書い
てありますが、具体的に何をしたのですか？」

丁　氏「少し前のことですが、Ｋ県職員から突然電話がかかってきて、
　　　『お宅で手抜き工事をしているという情報があり、その件を調べ
　　　るために×月×日から×月△日の間に立入調査を行う予定である。

その日程の中で都合のつく日を連絡してください。正式に書面でも通知しておきます』と言われ、その次の日に、確かに、立入調査を行うとの通知書が郵送されました。

　しかし、うちでは手抜き工事など一切しておりません。何でそのような情報が県のほうにいったのか？　思い当たる節としては、憶測ですが、数年前にリストラをしまして、従業員何人かに退職してもらったことがあります。それで逆恨みをされて、あることないこといいふらされたのかもしれません。証拠はなく憶測です」

弁護士「それで立入調査を拒んだのですね？」

丁　氏「いえ、違います。手抜き工事などしていないとはいえ、役所が調査するというのであれば、それを拒むつもりはありません。ただ、立入調査として指定された日程については、工事が立て込んでいて予定が合わず、私のほうから役所に、『工事が立て込んでいて都合がつかないので来月にしてほしい』とFAXしておきました。うちは会社といっても、私が親方であとは社員2人でやっているところですから、私が現場に出なければ工事にならないのです」

弁護士「それで立入調査は延期されたのですか？」

丁　氏「いえ、役所のほうから電話があって、『来月まではとうてい待てない。通知書に記載した日程で調整してほしい』と連絡がありました。

　しかし無理なものは無理ですので、重ねて『無理です。来月にしてください』とお願いし、FAXもしておきました。そうしたら役所のほうから、『忙しいというがFAXする余裕があるではないか』と言われまして。そりゃ常に現場にいるわけではなくて、合間に事務所に顔を出したりしますし、その合間にFAXしただけで、1日中事務所にいるわけではありません。さすがに少々腹

が立ちまして、もう無視していたんです。そうしたら、また役所から通知書がきまして、今度は、『×月×日に立入調査を受けるよう指示する』という内容になっていました。

　私のほうからは、再度、『その日は工事があって立ち会えない。事務所は留守にしているので勘弁してほしい、来月は必ず受けます』とのFAXを入れておきました。

　その日は立入調査にはこなかったようです。実際留守にしていましたし。

　そうしてしばらくしたら、先ほどの弁明の機会の付与という通知書が送られてきたわけです」

弁護士「流れはわかりました。いくつか教えてください。まず、営業停止5日間というのは重いですか？」

丁　氏「重いと思います。中身によりますが、大体初めて営業停止処分を受ける時は3日間が多いようです。いきなり5日間というのはちょっと酷いです」

弁護士「営業停止5日間を受けると、金銭的にどのような損害がありますか？」

丁　氏「確実に1件、納期に間に合わなくなる工事があります。その場合工事代金の80万円はもらえないと思います。うちは零細企業ですから、80万円の入金がないとなると資金繰りが相当厳しくなります」

弁護士「経営破綻する危険はありますか？」

丁　氏「すぐにどうこうという話にはならないでしょうが、将来的には影響してくるかもしれません」

弁護士「ありがとうございました。とにかく、1週間以内に差止めの訴え提起と仮の差止めの申立てをしなければなりませんので、不足する部分は後で補充するとして、大急ぎで手続に入りましょう。

　　　　弁明書も内容は訴状等と同じになるでしょうから、私のほうで
　　　提出しておきます」

Ⅳ
弁護士の検討

1　営業停止処分の根拠法令の確認

　予想されている本件営業停止処分は、建設業法28条3項が直接の根拠条文
になっている。

　同項の規定は、以下のとおりである（下線部は筆者）。

〈建設業法28条3項〉
　国土交通大臣又は都道府県知事は、その許可を受けた建設業者が第1
項各号のいずれかに該当するとき若しくは同項若しくは次項の規定によ
る指示に従わないとき又は建設業を営む者が前項各号のいずれかに該当
するとき若しくは同項の規定による指示に従わないときは、その者に対
し、1年以内の期間を定めて、その営業の全部又は一部の停止を命ずる
ことができる。

　要は、建設業法28条1項の規定による指示に従わないときは、1年以内の
期間を定めて営業停止を命じることができる規定となっている。「できる」
と規定されていることから、処分発動要件（指示に従わない時）が充足され
たとしても、不利益処分を行う、行わない、ということ自体が処分権者の裁
量に委ねられている。不利益処分としてどのような処分を行うか、その程度
（期間）に関しても、建設業法上規定がなく、やはり処分権者の裁量に委ね
られている。その意味で、講学上の「効果裁量」である。

　裁量権の範囲を逸脱するか裁量権の濫用と認められる場合でなければ、差
止めの訴えの本案要件を欠くこととなり（行訴37条の4第5項）、本案につい

て理由があるとはみえないとなる。そして本案について理由があるとみえるときが仮の差止めの訴訟要件となっている（同法37条の５第１項）。つまり、裁量権の逸脱、濫用が認められなければ本案の差止めの訴えは勝てず、仮の差止めも認められない。

　次に、建設業法28条１項の規定による指示とは何か、であるが、同項の規定は、以下のとおりである。

〈建設業法28条１項〉
　国土交通大臣又は都道府県知事は、その許可を受けた建設業者が次の各号のいずれかに該当する場合又はこの法律の規定（第19条の３、第19条の４、第24条の３第１項、第24条の４、第24条の５並びに第24条の６第３項及び第４項を除き、公共工事の入札及び契約の適正化の促進に関する法律（平成12年法律第127号。以下「入札契約適正化法」という。）第15条第１項の規定により読み替えて適用される第24条の７第１項、第２項及び第４項を含む。第４項において同じ。）、入札契約適正化法第15条第２項若しくは第３項の規定若しくは特定住宅瑕疵担保責任の履行の確保等に関する法律（平成19年法律第66号。以下この条において「履行確保法」という。）第３条第６項、第４条第１項、第７条第２項、第８条第１項若しくは第２項若しくは第10条の規定に違反した場合においては、当該建設業者に対して、必要な指示をすることができる。特定建設業者が第41条第２項又は第３項の規定による勧告に従わない場合において必要があると認めるときも、同様とする。
一　建設業者が建設工事を適切に施工しなかつたために公衆に危害を及ぼしたとき、又は危害を及ぼすおそれが大であるとき。
二　建設業者が請負契約に関し不誠実な行為をしたとき。
三　建設業者（建設業者が法人であるときは、当該法人又はその役員等）又は政令で定める使用人がその業務に関し他の法令（入札契約適正化

法及び履行確保法並びにこれらに基づく命令を除く。）に違反し、建設業者として不適当であると認められるとき。

四 建設業者が第22条第1項若しくは第2項又は第26条の3第8項の規定に違反したとき。

五 第26条第1項又は第2項に規定する主任技術者又は監理技術者が工事の施工の管理について著しく不適当であり、かつ、その変更が公益上必要であると認められるとき。

六 建設業者が、第3条第1項の規定に違反して同項の許可を受けないで建設業を営む者と下請契約を締結したとき。

七 建設業者が、特定建設業者以外の建設業を営む者と下請代金の額が第3条第1項第2号の政令で定める金額以上となる下請契約を締結したとき。

八 建設業者が、情を知つて、第3項の規定により営業の停止を命ぜられている者又は第29条の4第1項の規定により営業を禁止されている者と当該停止され、又は禁止されている営業の範囲に係る下請契約を締結したとき。

九 履行確保法第3条第1項、第5条又は第7条第1項の規定に違反したとき。

　行政実定法の常として、他法律の引用やカッコ書きが多く大変理解しづらい。このような場合、カッコ書き等の余計な部分を削除して、続けて読むと理解が早くなる。そのような処理を施してみると、建設業法28条1項は、以下のとおりとなる。

〈建設業法28条1項（改）〉
　都道府県知事は、その許可を受けた建設業者がこの法律の規定、入札契約適正化法第15条第2項若しくは第3項の規定若しくは特定住宅瑕疵

担保責任の履行の確保等に関する法律第3条第6項、第4条第1項、第7条第2項、第8条第1項若しくは第2項若しくは第10条の規定に<u>違反した場合</u>においては、当該建設業者に対して、<u>必要な指示</u>をすることができる。

　つまり、建設業法の規定に建設業者が違反した場合において、都道府県知事は必要な指示をすることができ（建設業28条1項）、この指示に建設業者が従わなかった場合は、営業停止等の処分をすることができる（同条3項）。

　建設業法31条は、特に必要がある場合に都道府県知事に建設業者に対する立入調査権を認めており、立入調査を拒み、妨げた者には100万円以下の罰金が科せられる（建設業52条6項）。

　本件において、K県知事としては、丙株式会社が立入調査を拒みまたは妨害したと解し建設業法に違反するとして立入調査を受けるように指示をしたが、同社がこの指示に従わなかったため、営業停止処分を予定しているものと考えられる。

2　差止めの訴え、仮の差止めの要件分析

(1)　差止めの訴えの要件

差止めの訴えの訴訟要件としては、

① 　一定の処分をする蓋然性（蓋然性要件）

② 　重大な損害の発生、補充性（損害の重大性要件）

③ 　原告適格

の各要件が必要であり、さらに本案要件（勝訴するための要件）として、

④ 　処分すべきでないことが根拠法令の規定から明らかであると認められるか、処分をすることが裁量権の逸脱、濫用と認められる場合

が必要となる。

　①蓋然性要件に関しては、行政手続法に定める不利益処分に対する弁明の

機会の付与が現になされており、高度の蓋然性がある。特に問題とならないであろう。

②原告適格に関しても、丙株式会社は処分の名宛人であり全く問題ない。

検討すべきは、②損害の重大性要件と④本案要件である。

(2) 仮の差止めの要件

仮の差止めの手続的要件としては、

① ′ 適法な差止めの訴えの提起（本案提起要件）

② ′ 申立て適格

の各要件が必要であり、実体要件として、

③ ′ 償うことのできない損害を避けるため緊急の必要があること（必要性要件）

④ ′ 本案について理由があるとみえるとき（本案勝訴要件）

⑤ ′ 差し止められることにより、公共の福祉に重大な影響を及ぼすおそれがあるときではないこと（公共の福祉要件）

が必要となる。

① ′ 本案提起要件に関しては、差止めの訴えを適法に提起すればよいだけであって、さしたる問題ではない。② ′ 申立て適格も同様である。

⑤ ′ 公共の福祉要件は、消極的要件であり、その立証責任（疎明責任）は相手方にある。そもそも本件は零細な建設業者の営業停止の事案であり、これを差し止めたとして、社会的に大きな影響があるとはとうてい考えられず、実質的な争点とはならないであろう。

検討すべきは、③ ′ 必要性要件と④ ′ 本案勝訴要件である。

(3) 要件論の整理

差止めの訴えと仮の差止めは同時に提起および申立てを行う。

差止めの訴えの①および③要件は特段問題なく同時に提起および申立てを行うことにより仮の差止めの① ′ および② ′ 要件もクリアできる。

差止めの訴えの②損害の重大性要件④本案要件と仮の差止めの③ ′ 必要性

要件④′本案勝訴要件は、密接な関係にある。

　②損害の重大性要件とは、重大な損害が生じるおそれがありその損害を避けるために他の適当な方法があるときでないことを示すが、損害の重大性が認められれば、補充性（その損害を避けるために他の適当な方法があるときでない）の要件を満たすのが通常であると考えられており、要件としては、損害の重大性を満たせばよい。そして、仮の差止めがあくまで暫定的な「仮の救済手段」であり、本案である差止めの訴えの提起が手続要件となっていることから、その手続要件である③′必要性要件のうち、「償うことのできない損害」とは、「重大な損害」よりさらに程度の高い（ダメージの大きい）損害を意味する。したがって、「償うことのできない損害」の要件は「重大な損害」を論理的に内包しており、「償うことのできない損害」の要件を満たせば、「重大な損害」の要件も充足し、差止めの訴えの損害の重大性要件を満たす。「償うことができない損害」の要件が認められなかった場合に、「重大な損害」の要件を充足するか再度検討すればよく、訴え提起、申立ての時点では、「償うことのできない損害」で両者を兼用できる。

　同様に、差止めの訴えの④本案要件と仮の差止めの④′本案勝訴要件も、仮の差止めの要件としては、「本案について理由が<u>あるとき</u>」ではなく「本案について理由が<u>あるとみえるとき</u>」であり、本案勝訴の見込み、蓋然性で足りると解される。したがって、④本案要件は、④′本案勝訴要件を論理的に内包しており、前者の要件を満たせば、後者の要件も充足し、仮の差止めの本案勝訴要件を満たす。訴え提起、申立ての時点では、「本案について理由があるとき」で両者を兼用できる。

　以上により、さらに検討すべきは、「償うことのできない損害」の要件を満たすかという点および「本案要件」の２点である。

3　「償うことのできない損害」要件の検討

　仮の救済制度の１つである執行停止（行訴25条）においては、その要件と

して「重大な損害」を生ずるおそれが必要とされている。執行停止は、すでに処分がなされた後の暫定救済措置であるが、仮の差止めは、処分がなされる以前に、処分そのものの発動を止める点で、執行停止よりさらに強度の暫定救済措置であり、「償うことのできない損害」が「重大な損害」よりもより程度の高い損害を意味することは疑いない。とはいえ、仮の差止めの制度は、平成16年の行政事件訴訟法改正により新設された手続であり、この要件解釈論に関する確立した最高裁判例等はまだ存在せず、今後解釈論を発展させていくべき分野であるといえる。

　とはいえ、徒手空拳で無闇に解釈論を振り回してみても意味がなく、相応の指針は必要である。

　下級審の判例であるが、大阪地判平成18・8・10判タ1224号236頁は、この要件に関し、「損害を回復するために後の金銭賠償によることが不可能であるか、これによることが著しく不相当と認められる場合」と判示している。

　立法段階（平成16年改正法）における立法者の考えとして、仮の差止め制度が利用される事例として、行政の規制・監督権限に基づく制裁処分が公表されると名誉や信用に重大な損害が生ずるおそれがある場合などが想定されていた（司法制度改革推進本部行政訴訟検討会第26回会合配布資料2〈http://www.kantei.go.jp/jp/singi/sihou/kentoukai/gyouseisosyou/dai26/26siryou2.pdf〉）。

　前掲大阪地判平成18・8・10の考え方（事後的金銭賠償ができない場合）および立法者の考え方（公表により名誉・信用に重大な損害が生じるおそれがある場合）を敷衍して考えれば、「償うことのできない損害」の解釈論として、

①　処分（営業停止）により、会社が破綻（破産）する場合（法人格が消滅するのであるから、事後的に金銭賠償されても意味がない。そもそも処分取消しの訴えや国家賠償請求訴訟の原告適格が存続していない蓋然性が高い）。

②　公表により名誉・信用が毀損される場合（民法723条は、名誉毀損の場合における金銭賠償主義の例外を定めている。これは、名誉毀損による損害が金銭賠償のみでは回復できない損害であることを示唆している）。

上記２点に整理することが可能である。

さて、本件に関して、上記２点を満たす事情が認められるか。

①の点に関して、５日間の営業停止により80万円ほどの損害発生の蓋然性は認められるであろう。しかし、丁氏の話によれば、これが直接の引き金となって会社が破綻するという事情はなさそうである。丙株式会社の決算書や資金繰表を精査する必要があるが、丁氏の口ぶりからして何とかなるのであろう。主張はしておくが、①の観点からはまず無理だろう。

②の点に関して、営業停止処分という事実が取引先を通じて口コミで広がったとしてもそれは単なる事実上の問題にすぎない。立法者がいうように営業停止処分が公表されれば話は違ってくるが、公表規定を建設業法は規定しているだろうか。

建設業法を調べてみると、存在した。29条の５第１項に規定がある（下線部は筆者）。

〈建設業法29条の５第１項〉

国土交通大臣又は都道府県知事は、<u>第28条第３項</u>若しくは第５項、第29条又は第29条の２第１項の規定による<u>処分</u>をしたときは、国土交通省令で定めるところにより、<u>その旨を公告しなければならない</u>。

規定として、「公告できる」ではなく「公告しなければならない」となっており、行政庁の裁量の余地はない。建設業法28条３項に基づき営業停止処分を行った場合、必ず公告（公表）しなければならないのであり、営業停止処分＝公表といえる。

そうであれば、この点を指摘し、公表により名誉・侵害が毀損され、後の金銭賠償では損害の回復が不能である。との解釈論は成り立つ。後は裁判官がどのように判断するかの問題となる。

4　本案要件

この要件は、2つの要素に整理できる。

①　処分すべきでないことが根拠法令の規定から明らかであると認められる場合

あるいは、

②　処分をすることが裁量権の逸脱、濫用と認められる場合

①は、明らかな事実誤認あるいは法令適用の誤りの場合であり、②は裁量権の逸脱、濫用の場合である。

本件に即して検討すれば、①は営業停止処分の発動要件を充足しているかの問題といえ、②は処分発動要件を充足しているとしても処分を行うこと、行う予定の処分の内容または処分の程度が裁量権の逸脱、濫用といえるかの問題といえる。

①の点に関して、本件は処分要件が若干入り組んでいてわかりづらいが、今一度簡明に整理すると、〔図18〕のとおりである。

処分発動の直接の要因はBである。そして、客観的事実としてBの指示に従わなかったことは間違いない。しかしBの指示はそもそも適法なものといえるのか。指示の具体的内容は、特定日時に立入調査を受けよというものであるが、丙社は、その日は工事の予定があって無理であると事前に連絡してある。それにもかかわらず、その日を指定するというのは無茶な話ではないか。K県知事としては、Aの立入調査を丙社が拒否したためやむ得ない措置だと主張するのであろうが、では、Aの立入調査の拒否（建設業法に違反した）という事実は認められるのであろうか。丙社は「調査は嫌だ」とは言っていない。「工事が立て込んでいて予定が合わないので来月にしてくれ」と延期の依頼をしているだけである。当初K県知事が通知した立入調査予定日に調査をしなければならない合理的な理由、そして、そもそも立入調査を行うべき「特に必要があると認めるとき」（建設31条1項）に該当するのか。記録上は明らかでないが積極的にこれを認めるに足る事情もない。むしろ処

〔図18〕 営業停止処分の発動要件（*Case* ④）

A 立入調査の拒否（建設業法31条1項）

↓

B A違反に対する必要な指示に従わない（建設業法28条1項）

↓

C Bに基づき、営業停止処分（建設業法28条3項）

分権者であるK県知事において、これらの合理的な理由を主張・立証できない限り立入調査自体が違法であると考えることもできる。それに続くBおよびCは、いずれも違法な立入調査を前提とした違法なものであると立論し、相手方の反応を待つという戦術でまとめることにしよう。

　次いで、①が認められないとしても②の裁量権の逸脱、濫用が存在すると構成する。

　②の裁量権の逸脱、濫用であるが、処分基準（行手2条8号ハ、12条2項）が定められていて、不利益処分がこの処分基準に反していれば、裁量権の逸脱、濫用を主張するのは容易である。

　しかし、処分基準を定めることは、行政庁の努力義務でしかない。調査した限りではK県においては処分基準は定められていないようであり、この手は使えない。したがって、一般原則である比例原則や平等原則違反の点を指摘していくこととする。

V
仮の差止め（差止めの訴え）の申立て（提起）

1　仮の差止めの申立て

　下記①から⑥を確認し、⑦の申立書を作成のうえ、仮の差止めの申立てを行った。

① 管　轄

　　本案訴訟（差止めの訴え）と同じである。

② 手数料（印紙）

　　金2000円（民事訴訟費用等に関する法律、別表11の２、ハ）

③ 郵　券

　　申立て書副本および決定書送付用に若干額が必要（受訴裁判所に確認）

④ 必要添付書類

　・委任状

　・資格証明書（申立人が法人の場合）

⑤ 立証の程度

　　疎明で足りる（行訴37条の５第４項、25条５項）。

⑥ 審理手続

　　原則として書面審理のみで行われるが、相手方の意見を聞く必要があるため（行訴37条の５第４項、25条６項）、申立書正本とともに副本を裁判所に提出する（直送を指示される場合もあるので、受訴裁判所に事前に確認したほうがよい）。

⑦ 申立書

　　【書式12】のとおり。

【書式12】 仮の差止命令申立書（Case④）

仮の差止命令申立書

令和 XX 年 X 月 X 日

K地方裁判所　御中

申立人代理人弁護士　○　○　○　○

〒000-0000　K県○市○町○丁目○番○号

申　　立　　人　　丙株式会社

代表者代表取締役　　丁

（送達場所）

〒000-0000　B県C市○町○丁目○番○号

同訴理人弁護士　○　○　○　○

電話　000-000-0000

FAX　000-000-0000

〒000-0000　K県K市○町○丁目○番○号

相　　手　　方　　K県

上記代表者県知事　○　○　○　○

（処分をした行政庁）

K県知事　○　○　○　○

申立の趣旨

1　相手方は、申立人に対し、本案訴訟の第一審判決言い渡しまで、令和XX年X月X日×発第○○号に示された建設業法第28条第3項に基づく営業の全部又は一部の停止をしてはならない。

2　申立費用は相手方の負担とする。

との判決を求める。

申立の原因

（当事者）

1　申立人は、令和XX年X月X日、建設業法（以下「法」という。）3条1項に基づき、K県知事から一般建設業の許可を取得し、内装仕上工事業を経

営する株式会社である（甲1、2）。

2　（処分の蓋然性）

①　相手方（正確には、処分庁であるK県知事であるが、以後、特に断りのない限り相手方とする。）は、申立人に対し、令和XX年X月X日、法31条1項の規定による立入調査（以下「本件立入調査」という。）の実施を行う旨及び同月△日までの間において、調査の対応が可能な日時を回答するよう通知した（甲3）。

　　これに対し、申立人は、調査日時を来月以降に延期して貰いたい旨を要望した。その理由については、おって説明する。

②　申立人が上記回答を行ったところ、相手方は、令和XX年X月X日、申立人に対し、法28条1項に基づき令和XX年X月△日、本件立入調査を受けるよう指示した。これに対し、申立人は、調査日時を来月以降に延期して貰いたい旨の再度要望した。

③　相手方は、令和XX年X月X日、法28条1項に基づく指示に従わなかったことに該当するとして、申立人に対し、営業を停止する旨の不利益処分（以下「営業停止処分」という。）を行う旨通知し、行政手続法に基づく弁明の機会の付与に関する通知を行った（甲4）。

④　以上のとおり、本件営業停止処分が行われる可能性は極めて高い。

　　また、本件営業停止処分に対する弁明の付与手続における弁明書の提出期限が令和XX年X月X日（甲4）とされていることからして、早晩、本件指定停止処分がなされるものと考えられ、緊急性がある。

3　（償うことのできない損害）

①　営業停止処分の具体的内容は、5日間の営業停止が予定されているが、営業停止処分がなされた場合、申立人は、金80万円の損害を被るおそれがある。申立人の実体は零細企業であり、仮に80万円の損害を被った場合、資金繰りが悪化し、その後の経営に極めて大きな影響を及ぼす（甲5）。

②　営業停止処分がなされた場合、その処分結果は公告される（法29条の5第1項）。

　　同条の規定は「都道府県知事は、第28条第3項の規定による処分をしたときは、その旨を公告しなければならない」と定めており、裁量の余地のない羈束行為である。すなわち、営業停止処分がなされれば自動的にその旨が公

告されることとなる。

　かかる公告は、多数の者の目に触れ、申立人は、社会的信用、名誉の低下（風評被害）という償うことのできない重大な損害をも蒙る。

4　（緊急性）

　第2項で既述したとおり、本件営業停止処分は早晩行われる蓋然性が高い。

　これに対する処分取消の訴え及び執行停止を求めたとしても、前項に述べたとおり、営業停止処分の公告を防ぐことはできず、一度公告されれば、後に取り消したとしても、申立人が蒙った風評被害を回復することはできない。

　償うことのできない損害を避けるため、本件仮の差止めを求める緊急の必要がある。

5　（本案について理由のあること）

①　（処分をすべきでないこと）

　ⅰ　本件営業停止処分は、相手方の指示に従わなかったことを理由とするが、その指示は、申立人が本件立入調査を拒否したこと、すわなち、法に違反したことを理由として行われたものである。

　　　従って、処分発動の要件として、申立人が法に違反したこと＝調査を拒んだことが必要となる。

　　　しかし、申立人は、調査日時を来月以降にされたいと要望したに過ぎず、調査を拒んだ事実はない。

　　　本件営業停止処分は、その前提たる要件認定につき事実の誤認があり違法である。

　ⅱ　申立人が、本件立入調査日時の延期を求めたことは、正当な事由があり、調査の実施を拒否、妨害ないし忌避する意図は全くない。

　　　本件立入調査が実施された場合、ほぼ1日仕事であり、代表者は、ほぼ1日調査の立ち合い、事情聴取に時間を割かれることになる。一方申立人会社は、代表者1名と2名の従業員で業務を行っており、代表者が本件立入調査現場に出なければ、業務の遂行ができない状況にある。相手方から当初示された本件立入調査日時は、いずれも既に工事の予定が組まれており、代表者が本件立入調査に立ち会うことは不可能であった（甲5）。

　ⅲ　一方、法31条は、「特に必要があると認めるとき」に立入調査等の調

査権限を認めているが、本件立入調査に関し、「特に必要があるときについての相手方からの理由の明示は一切なく、またそのような客観的事情もない。

　　また、本件指示は、申立人が当初「立ち会いができない」と回答した日時に立入調査を受けるべき事を指示しているが、不可能と回答した日時に敢えて「指示」という強力な措置を取る以上、当該日時に立入調査を行わなければならない強度の合理的理由が必要であるが、そのような理由は何ら認められない。

　　従って、本件立入調査は、その要件をそもそも欠くものであり違法である。

② （裁量権の逸脱濫用）

i　仮に、本件営業停止処分をすべきでないことが法令の規定から明らかであると認められないとしても、本件営業停止処分を課すことは、裁量権を逸脱、濫用するものであり違法である。

ii　本件営業停止処分の根拠である法28条3項は、「（前略）1年以内の期間を定めてその営業の全部又は一部の停止を命ずることができる」と定めており、処分を行うか否か、処分を行う時機、処分の態様等につき行政庁の裁量を認めている。

　　但し、行政の裁量が認められているからといって、その恣意的運用を許容するものでないことは論をまたず、営業停止処分にあっては、処分基準を定め、かつ、公にしておくよう努力義務があり（行政手続法12条1項）、内部的にせよ審査基準がある場合はこれに基づき行う必要がある。この様な審査基準がない場合にあっても、比例原則、平等原則に従う必要があり、これらに違反する場合、裁量権の逸脱・濫用として、違法となる。

　　本件営業停止処分を課すことは、以下に述べるとおり、比例原則、平等原則に違反し、裁量権を逸脱・濫用する違法なものである。

iiiア　申立人は、本件立入調査の実施を来月まで延期するよう要請したのみであり、当初相手方が予定した立入調査日より数週間ほど延びたという軽微な影響しかない。

　イ　本件立入調査を当該日時に行わなければならない合理的理由はなく、

　　　本件立入調査当該日時に行うべき緊急性、必要性がない。
　　ウ　既述のとおり、立入調査日の延期を求めることに合理的理由がある。
　　エ　初回の営業停止にもかかわらず５日間の営業停止と、他の一般事例
　　　　と比較して重く、合理的な理由もなく差別的取扱がなされている。
　　オ　以上のとおり、本件立入調査の延期を求めたことに対する実質的影
　　　　響は存在しないか極めて軽微であるにもかかわらず、営業停止処分の
　　　　内容は、上記エのとおり、５日間という極めて重い内容である。
　　　　　具体的には、処分結果は公告され、多数の者の目に触れ、申立人は、
　　　　社会的信用、名誉の低下という金銭に評価し得ない重大な損害を蒙る
　　　　こととなる。

6　（公共の福祉に重大な影響を及ぼさないこと）本件営業停止処分の実態は、
　立入調査を拒んだことに対する懲罰であり、その法目的は、法31条の「行政
　調査」の実効性の担保に過ぎない。
　　従って、本件営業停止処分を仮に差し止めたとしても、申立人以外の第三
　者の利益（公益）を害する虞は全く存在しない。また、営業停止処分の原因
　は、申立人の営業内容の不法性、不当性に関するものではなく、公告を仮に
　差し止めたとしても、取引先等の第三者に対し、その本質である営業内容等
　の情報を遮断し、判断を誤らせるという虞も全くない。
　　さらに、本案において、申立人敗訴が確定した場合、営業停止処分がなさ
　れるものと考えられるが、それにより、法目的である懲罰、調査の実効性の
　担保は果たされるのであり、法目的が骨抜きになるということもない。本件
　営業停止処分を直ちに行うべき緊急性・必要性は全くない。
　　以上のとおり、仮に本件営業停止処分を差し止めたとしても、公共の福祉
　に影響を及ぼすことはない。

7　（まとめ）
　　本件営業停止処分が早晩なされる蓋然性は極めて大きく、これがなされた
　場合、申立人は回復不能の償うことのできない損害を蒙るところ、これを避
　けるためには、本件命令を得る必要がある。
　　本件営業停止処分は、法令上なすべきでないことが明らかであり仮にそう
　でないとしても、裁量権を逸脱濫用するものであって、本案において勝訴の
　見込みがある。

よって、申立の趣旨記載の裁判を求める。

証拠方法

甲1　履歴事項全部証明書
甲2　許可証
甲3　通知書
甲4　通知書（弁明の機会の付与）
甲5　陳述書

付属書類

1　甲号証写し　各1通
2　資格証明書　　1通
3　訴訟委任状　　1通

以上

2　本案訴訟（差止めの訴え）提起

　仮の差止めの申立書のほかに、訴状も起案しなければならない。短期間で2通の起案を行うのはなかなか大変であるが、実質的には、仮の差止めの申立書の語句（申立人→原告）を変換し、若干の手直しをすればこと足りる。

　申立書をベースに訴状も起案する。

　弁明書提出期限の3日前に申立書および訴状の起案が完成し、すぐに両者あわせて裁判所に提出する。

　同時に、申立書の内容そのままに体裁を弁明書の形に合わせて（特に法定された書式はないので、申立人を被処分者、相手方を処分庁などに変換し、タイトルを「（弁明の機会付与における）弁明書」として）、処分庁に提出しておく。弁明書を提出しても営業停止処分が中止されることはないと考えるが、後に予定される仮の差止め、差止めの訴えの審理において、「何らの弁明がなされなかった」との主張がなされると不利に働くため、提出しておくこととする。

Ⅵ
仮の差止めの審理〜決定

1　裁判官からの連絡

仮の差止め申立書提出の４日後、担当裁判官から電話があった。

裁判官「相手方にも代理人がつきまして、早急に反論書面を提出したいとの連絡がありました。また、少なくとも本件申立てに対する決定がなされるまでは、営業停止処分を行うことはないだろうとお話しされていました」

弁護士「ご連絡ありがとうございます」

裁判官「裁判所からのお願いなのですが、疎明資料として、丙株式会社の決算書の提出を検討いただけますか」

弁護士「わかりました。期限はいつまででしょうか？」

裁判官「相手方は決定が出るまでは処分をするつもりはないと言っていましたが、仮の救済手段という事案の性質上いつまでも長引かせるわけにもいきません。１週間以内にお願いします」

弁護士「わかりました。相手方から反論書面が提出された場合、必要に応じて反論書面の提出をしてもよろしいですか？」

裁判官「結構ですが、１週間以内にお願いします。相手方の反論書面は、明日にも提出するとのことです」

　裁判官は、決算書の提出を求めてきた。おそらく償うことのできない損害に関して、営業停止処分による丙社の経営上のダメージの程度を知りたいのであろう。過去の裁判例からすれば、後の金銭賠償では回復できないほどの損害＝経営破綻に至るほどの経済的ダメージが必要であろうが、おそらく決算内容としてはそこまでのレベルには達しないであろう。その意味では、提出しても無意味であるが、提出しなくても経営破綻に至る程度の損害を被るおそれがあるかという点に関しては、立証（疎明）できていないという点で

は同じであり、裁判官の心証を害する不利益を避けるため提出することとする。

2　反論書面の提出

裁判官から電話があった翌日、相手方代理人から反論書が送付された。

内容としては、手抜き工事を行っているとの通報があり、立入調査を行い事実関係を確認する必要があったこと、償うことのできない損害は発生していないこと、調査を行うべき緊急性があったことというものであった。

早速、立入調査の必要性に具体性がないことおよびその程度の事実確認であれば、「報告の徴収」でも対応可能であり、立入調査にまで及ぶ必要のないこと、名誉、信用の毀損は金銭賠償では回復できないこと、緊急性があるといいながら、現在に至るまで立入調査が行われていないこと、などを主張としてまとめ、主張書面として決算書とともに裁判所と相手方に送付する。

3　立入調査の実施

主張書面を送付した翌日、丁氏から電話があった。

丁　氏「先生、今日になって役所からFAXがきまして、立入調査を行うので都合のよい日程を通知してくれと書いてあります。どうしましょう？」

弁護士「昨日、当方から主張書面として、緊急性があるといいながらなぜその後立入調査をしないのか？と指摘したのであわてて調査することにしたのだと思います。日程に都合がつく日を連絡して、調査を受けてください」

丁　氏「わかりました」

その後丁氏より、2週間後に立入調査が実施されることになったと連絡があった。

4　決　定

申立書提出から10日後、決定書が送付された。

申立て却下の決定であった。

却下の理由であるが、本案勝訴要件には一切ふれることなく、償うことのできない損害は認められないとのことである。

要旨としては、

① 「償うことのできない損害」とは、金銭賠償によることが不可能であるか、社会通念に照らして金銭賠償のみによることが著しく不相当と認められるような場合をいうと解される。

② 本件営業停止処分が公告されると、申立人に社会的評価ないし信用の低下という事態が生じる可能性も否定できない。

③ しかしそれが直ちに申立人の営業が適正を欠く状況にあることを示す

〔図19〕　**仮の差止め・差止めの訴えの効力発生までの流れ**

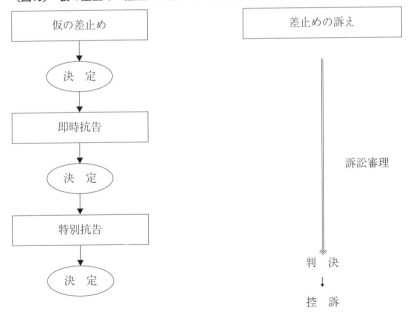

ことにはならず、処分内容は5日間の営業停止にとどまる。

④　前記①②から、公告されることにより申立人に生じるおそれがある社
会評価ないし信用の低下による損害は限定的なものと考えられ、金銭賠
償によることが不可能であるとか金銭賠償によることが著しく不相当と
まではいえない。したがって償うことのできない損害が発生するおそれ
があるとは認められない。

というものであった。

さすがに要件が厳しいと感じるが、理由として、社会的評価ないし信用の
低下という事態が生じる可能性を否定できないとしつつ、営業が適正を欠く
状況があることを示すことにはならないというのは釈然としないものが残る。

本案訴訟も残されているが（本案訴訟の第1回口頭弁論期日前に営業停止処
分がされないという保障はないが）、丁氏と相談のうえ、却下決定に対し、即
時抗告をすることにする。ただし、即時抗告を行っても、その決定が出る前
に営業停止処分がなされてしまえば全く無意味ではある。

Ⅶ
本案訴訟（差止めの訴え）

1　第1回口頭弁論期日まで

⑴　N　日

仮の差止めの申立てに対する決定書の送付と前後して、本案訴訟の第1回
口頭弁論期日が指定された。約1カ月後（N＋30日）である。

⑵　N＋10日

立入調査が実施された。

⑶　N＋15日

即時抗告に対する決定書が送付された。却下決定であった。幸いまだ営業
停止処分はなされていない。丁氏と相談し、ここまできたら最後までやろう
ということで特別抗告の申立てを行うことにする。

　⑷　Ｎ＋24日

　被告から答弁書が提出される。内容は、仮の差止めのときの反論書面とほ
ぼ同一である。さっと読み流したが、本案前の答弁として、却下を求めるの
は被告としては当然なのであるが、その理由の主張として、「処分の蓋然性
がない」旨が書かれている。よく読むと以下のような主張がなされていた。

　「Ｎ＋10日に立入調査が実施され、目的を達した。従って、今後被告とし
ては本件営業停止処分を行う予定はなく、処分の蓋然性要件を欠く」。

2　第1回口頭弁論期日

　答弁書で被告は営業停止処分を行う予定はないと主張しているが、その真
意を確かめたい。事実として答弁書の内容どおりであり、そのことが担保さ
れるのであれば、営業停止処分をやめさせるという訴訟目的は達成でき、訴
訟を続ける意味がなくなる。

　開廷後、早速聞いてみる。

　原　　告「答弁書を拝見しますと、処分する予定はないと書いてありますが、
　　　　　これはどういう意味ですか？」

　被　　告「その言葉どおりです。営業停止処分をする予定はありません」

　原　　告「そうであれば、当方の目的も達成できます。抗告訴訟では難しい
　　　　　かもしれませんが、和解での解決はできませんか？」

　裁判長「どういう和解になるのですか？」

　原　　告「骨子としては、本件に基づく営業停止処分をしないことを相互に
　　　　　確認する、という形でしょうか」

　裁判長「被告のほうでも検討してください」

　被告が処分する予定はないと訴訟において主張しているのであるから、確
かに被告の主張するとおり、処分の蓋然性がなくなり、本訴は却下判決とな
ることが予想される。それはそれで目的は達しているのだが、処分要件を満
たしておらず処分は違法であるとの確定判決を得ていない以上、被告が翻意

して、営業停止処分を行う可能性はゼロではなく、その場合にはまた同じことを繰り返さなければならない。そのことを防ぐため、せめて文書での担保がほしいと思い、和解を提案してみたのだが、法律による行政の原則の観点から、抗告訴訟において和解することは許されないと考えることが一般的であるから少々難しいかもしれない。

3 第2回口頭弁論期日

第2回口頭弁論期日の前に、担当裁判官（左陪席裁判官）から電話があった。内容は、和解の件に関して、被告としては和解はできないが、口頭弁論期日調書に「営業停止処分を行う予定はない」と記載してもよいと言っている。ついては、調書化することの引替えで訴えを取り下げるという方法はどうか、というものであった。

公文書として調書化されるのであれば、相応の担保となり、悪くない解決方法である。丁氏とも協議したが、処分されないことの保障があるのであれば、それはそれでかまわないとのことであった。

第2回口頭弁論期日において、「営業停止処分を行う予定はない」ことの被告主張を調書化すること、原告は訴えを取り下げることの確認が行われた。

第2回口頭弁論期日調書を謄写し、調書化されていることを確認した後、訴えを取り下げた（特別抗告もあわせて取り下げた）。

訴えの取下げという形で終わりを迎えたが、訴訟の目的は達成できた。なぜ被告が営業停止処分をすることをやめたのか、その真意はわからない。勝訴の自信がなかったのか、法的手続の連鎖に嫌気がさしたのか、いずれにせよ、何もしなければ営業停止処分がなされることは確実であったといえ、法的手続をとることによってそれを阻止できたとすれば、大きな意義があったといえる。

第5章

遺族厚生年金不支給決定取消訴訟

I

事案の概要

〈*Case* ⑤〉

　甲弁護士は、顧客からの紹介で、Xさんの法律相談を受けることとなった。紹介者にざっと事件の概要を聴くと、Xさんは最近旦那さん（A）を亡くされたが、旦那さんは厚生年金の加入者（被保険者）であったので、厚生労働大臣に対し遺族厚生年金の裁定請求をしたところ、不支給とする決定が下された【書式13】。Xさんは納得がいかなかったので、社会保険労務士（以下、「社労士」という）に頼んで審査請求をしたが、これも棄却されたので訴訟をしたいということであった。

　ただし、問題があった。XさんとAさんは、入籍しておらず、いわゆる内縁関係であり、しかも、Aさんには、戸籍上の妻Bが存在するという、重婚的内縁の状況にあった。

　甲弁護士は、この手の事件の経験がなく、ざっと話を聴いてもどうしてよいかわからず途方に暮れてしまったため、Xさんとの面談の前に年金訴訟に詳しい先輩の乙弁護士にレクチャーを受けることとした。

【書式13】　不支給決定通知書

令和Ｘ年Ｘ月ＸＸ日

Ｘ　様

厚生労働大臣　（印）

国民年金保険・厚生年金保険の支給しない理由のお知らせ
（不支給決定通知書）

　あなたから請求のありました次の給付（保険給付）については次の理由により支給しないことと決定いたしましたので通知します。

給付の種類

（保険給付の種類）　遺族厚生年金

基礎年金番号　　ＸＸＸＸ―ＸＸＸＸＸＸ

支給しない理由
　　　死亡者との婚姻関係及び事実婚関係が認められないため

　この決定に不服があるときは、この決定があったことを知った日の翌日から起算して3か月以内に文書または口頭であなたの住所地の社会保険審査官（地方厚生局内）に審査請求できます。また、その決定に不服があるときには、決定書の謄本が送付された日の翌日から起算して2か月以内に社会保険審査会（厚生労働省内）に再審査請求できます。

　なお、この決定の取消の訴えは、審査請求の決定を経た後でないと、提起できませんが、審査請求があった日から2か月を経過しても審査請求の決定がないときや、この決定の執行等による著しい損害を避けるため緊急の必要があるとき、その他正当な理由のあるときは、審査請求の決定を経なくても提起できます。この訴えは、審査請求の決定（再審査請求をした場合には、当該決定又は社会保険審査会の裁決。以下同じ。）の送達を受けた日の翌日から起算して6か月以内に、国を被告（代表者は法務大臣）として提起できます。ただし、原則として審査請求の決定の日から1年を経過したときは訴えを提起できません。

Ⅱ
注視すべき点

〈*Case* ⑤〉における、注視すべき点は、以下の３点である。

① 手続の選択（再審査請求か取消訴訟か？）

② 主張・立証責任

③ 立証方法

Ⅲ
甲弁護士と乙弁護士の会話

以下は、甲弁護士（以下、「甲」という）と乙弁護士（以下、「乙」という）の会話内容である。

1　出訴期間、再審査請求

甲「先生、もう率直に聴きますが、ぶっちゃけまず何から聴けばよいんでしょう？」

乙「平成26年に行政不服審査法が改正されたことは知ってるよね？」

甲「ええ、いろいろ改正されてますが、不服申立前置主義が見直され、大幅に減ったということは習いました」

乙「例外として審査請求の前置が残っている法分野もいくつかある。その典型が社会保障の分野だね。厚生年金保険法（以下、「厚年法」という）91条の３は、保険給付に関する処分に不服がある場合に社会保険審査官に対する審査請求の前置を定めているので、Ｘさんも社労士にお願いして審査請求をしたんだよ。

　　そして、出訴期間が過ぎていれば、もうどうしようもないから、まず聴くべきは、審査請求の裁決日（決定日）だね」

甲「裁決を経ているので、その決定を知った日が出訴期間の起算日になる

〔図20〕　不服申立てのフローチャート

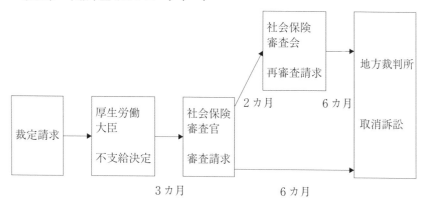

んですね（行訴14条3項）。決定書を持ってきてもらうか、事前に送っ
てもらえばよいでしょうか？」

乙「事前にもらっておけば、おおよその事実関係や提出された証拠が把握
できるのでそのほうがよいよ。

　その上で、厚年法90条は、審査請求の決定に不服がある場合には、
再審査請求できる旨を定めている。期間は2カ月以内（社会保険審査
官及び社会保険審査会法32条）。取消訴訟の出訴期間6カ月より短い。
そうすると再審査請求期間がまだ経過していないなら、再審査請求と
取消訴訟のいずれかを選択できるし、その検討の必要もあるから、再
審査請求期間を経過しているかどうかも要チェックだよ」

甲「わかりました。選択できるときは、どちらのほうがよいでしょうか？」

乙「それは、お客さんの意向によるけど、個人的には、再審査請求したと
しても判断が覆ることは少ないので、時間がもったいから訴訟提起の
方がよいと思う」

2　遺族年金

甲「遺族年金についても、ほとんど知識がないので簡単に教えてください」

〔図21〕　年金制度概要

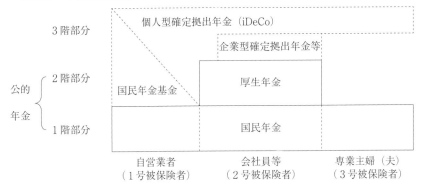

乙「甲先生は、年金払っているよね？」

甲「もちろんです。国民年金ですけど」

乙「国民年金は、国民年金法（以下、「国年法」という）で規定されている
　　基礎年金で１階部分といわれるものだね。法律事務所は厚生年金の強
　　制適用事業所ではないので（令和２年３月現在）、国民年金の人が多い
　　けど、株式会社なんかの企業は、厚生年金の強制適用事業所になるの
　　で、雇用されている会社員等は２階部分の厚生年金に加入することに
　　なり、厚生年金の被保険者になる（厚年法９条）。そして、厚生年金に
　　加入すると、同時に国民年金にも加入することになる。

　　　アバウトだけど、図（〔図21〕）にするとこんな感じになる」

甲「年金制度の建て付けはわかりましたが、聴きたいのは遺族年金なんで
　　すが…」

乙「まあまあ、甲先生は、『遺族年金』について聴きたいんだよね、遺族
　　年金と一括りにいうけど、『遺族基礎年金』と『遺族厚生年金』があ
　　って、前者は国年法で規定され、後者は厚年法で規定されてる。だか
　　ら制度の中身もちょっと違うし、理解のためにまず年金制度のあらま
　　しを説明したんだよ。

　　『遺族年金』の趣旨は、被保険者が死んでしまったことで、生計を
　　同じくしていた遺族が困窮しないように、一定の年金を給付する制度
　　だよ」

甲「『遺族基礎年金』とはどういうものですか？」

乙「国年法37条に支給要件が定められている。簡単に言うと、国民の死亡
　　により国民生活の安定が損なわれることを防止することを目的とする
　　（同法1条）、被保険者の子どもの養育のための遺族年金だね。18歳以
　　下の未婚の子どもは年金の受給権者となるし、配偶者が18歳以下の未
　　婚の子どもと生計が同じ場合は、配偶者も年金の受給権者になる。
　　　　たとえば、サラリーマンの旦那さんが亡くなられて、奥さんと5歳
　　の子どもがいるような場合、奥さんとその子どもが遺族基礎年金をも
　　らえることになる」

甲「18歳以下の未婚の子どもという限定があるということは、子どもが18
　　歳になったら打ち止めですか？」

乙「そのとおり。国年法40条3項2号に規定がある。より正確に言えば、
　　18歳になって以後最初の3月31日で受給権が消滅する」

甲「被保険者の配偶者や子どもであれば、常に年金の受給権者になれるん
　　ですか？」

乙「そうとは言えない。遺族要件を満たすほか、被保険者によって生計を
　　維持していたという『生計維持要件』が必要になる。ここが遺族年金
　　を考える場合のポイントになるよ。
　　　　要は、亡くなった人の収入で生活していた遺族が路頭に迷わないよ
　　うにするための制度だから、被保険者の収入によって生活していたと
　　いうことが重要になる。
　　　　なので、仮に被保険者と配偶者および子が完全に別居していて、そ
　　れぞれ独自に家計を営んでいたという場合は、生計維持要件が認めら
　　れない可能性が出てくる」

甲「遺族基礎年金の大体の仕組みはわかりました。Ⅹさんのケースでは、Ⅹさんと Ａさんとの間に子どもはいないようですから、遺族基礎年金は考えなくてよいですね」

乙「そのとおりだね。ただＡさんは厚生年金の被保険者だったということだから、『遺族厚生年金』について、Ⅹさんは受給権者になる可能性はある」

甲「『遺族厚生年金』について教えてください」

乙「まず、その名のとおり、遺族厚生年金は、厚年法に規定されている制度で、厚生年金の被保険者のための制度になる。だから国民年金にしか加入していない甲先生なんかは、そもそも厚生年金の被保険者ではないので、仮に甲先生に何かあってもそのご遺族は遺族厚生年金は受給できない」

甲「逆にいうと、厚生年金の被保険者の遺族であれば、遺族基礎年金と遺族厚生年金の両方が対象になり得るということですね」

乙「そうです。そして、遺族厚生年金の場合、労働者の遺族の生活の安定と福祉の向上を目的として保険給付が行われる（厚年法１条）。受給権者になれる遺族は、厚年法59条の規定により配偶者、子、父母、孫、祖父母になる。生計維持要件も、当然必要になります」

甲「遺族の範囲が広いですが、順位とかその他の要件がありますか？」

乙「受給権者となる遺族の要件として、夫、父母、祖父母は、55歳以上であること、子、孫は未婚で18歳以下であることが要件。妻には年齢による制限はないので、生計維持要件を満たす限り受給権者になれる。

〈表7〉　遺族厚生年金受給順位

第１順位	第２順位	第３順位	第４順位
配偶者・子	父母	孫	祖父母

　　順位としては、表（〈表７〉）のとおりになるね。先順位の受給権者
がいない場合、次順位者が受給権者となる。ただ、第１順位の配偶者
と子だけど、配偶者が受給している間は、子に対する年金の支給は停
止される」

甲「遺族基礎年金と同様、奥さんが再婚したり、子どもが18歳になって３
　月31日を迎えたら、受給権は失権するという理解でよいですか？」

乙「OK。厚年法63条１項２号、２項１号がその根拠規定になる。あと、
　同条１項５号イで、奥さんが30歳未満、かつ子どもがいない場合は、
　給付期間は５年間の有期給付になる」

甲「遺族基礎年金と遺族厚生年金の違いについて分かりました。Ｘさんの
　ケースでは、ＸさんはＡさんの配偶者として、遺族厚生年金の受給権
　者になれるか？ということが大まかな争点になる訳ですね」

乙「さらに詳しく調べたいときは、日本年金機構の Web サイトを参照す
　るとよいよ（https://www.nenkin.go.jp/index.html）」

3　配偶者要件

甲「本件で一番よくわからないのは、ＸさんとＡさんはいわゆる内縁関係
　だし、しかもＡさんには戸籍上の妻であるＢさんもいる状況です。
　　そもそも、内縁でも配偶者として受給権者になれるんですか？」

乙「なれるよ。本件は遺族厚生年金だけの問題なので、厚年法で説明する
　けど、同法３条２項で、配偶者の定義として、婚姻の届出をしていな
　いが、事実上婚姻関係と同様の事情にある者を含むと明文で規定され
　ている。国年法５条７項にも同様の規定がある。
　　内縁、つまり事実婚でも OK なんだけど、この場合は、事実婚と
　いえる状況にあったかどうかの認定が一つの争点になる」

甲「内縁で OK はわかりましたが、戸籍上の奥さんがいる場合、つまり
　事実上重婚状態にある場合は、さすがにダメだと思うんですが、そう

考えないと国が重婚関係を認めることになってしまうような気がするんです」

乙「理屈はそのとおりだよね。原則はそれで OK なんだけど、法律婚関係が破綻していて実質的には離婚状態にある一方、事実婚の配偶者が被保険者の収入で生計を維持していた場合、法律婚より事実婚の配偶者を保護してもいいんじゃないかとも考えられる」

甲「法律上の婚姻制度の安定性と事実婚配偶者の保護とのバランスですね」

乙「その観点から、重婚的内縁の場合でも事実婚の配偶者に受給権を認めた最高裁判例（最判平成17・4・21判時1895号50頁。以下、「H17最判」という）が出ている。

　　このH17年最判の事例では、

---

① 戸籍上の妻と被保険者は、20年以上別居してる

② 上記の期間、両者間に反復、継続的な交渉がなく、両者間に生計維持関係がない

③ 両者は、婚姻関係を修復しようとする努力をしていない

④ 被保険者から戸籍上の妻に金銭給付がなされているが、その趣旨は立退料と婚姻関係清算のためのもの

⑤ 事実婚の妻と被保険者は、18年以上夫婦同然の生活をしており、事実婚の妻は被保険者の収入で生計を維持してきた

⑥ 被保険者死亡時も事実婚の妻が最後まで看護していた

という事実関係を認定したうえで、このような事実関係の下では、法律婚は実態を失って修復の余地がないまでに形骸化し、他方事実婚の妻は、婚姻届出はしてないが、事実上婚姻関係と同様の事情にあり、法律婚の妻は受給権者たる「配偶者」に当たらず、事実婚の妻がこれ

に当たると判示しているよ」

甲「法律婚が形骸化しているかという点、他方事実婚が婚姻関係にあると
　言えるほどの実質・実態があったかがポイントですね」

乙「そう。そして、事実婚の配偶者に生計維持要件が存在することは大前
　提だよ」

4　生計維持要件

甲「先ほどから出ている『生計維持要件』についてもう少し具体的に教え
　て下さい」

乙「一応の定義規定は、厚年法59条4項、同法施行令3条の10で規定され
　ているけど、少し抽象的だよね。図（〔図22〕）にすると、こんな感じ
　になる。

　　生計同一要件は、同居していれば、つまり住民票上同一世帯であれ
　ばOK。単身赴任とかで別居していても仕送り等の事実が認められれ
　ば要件を充足する。

　　収入要件として、受給者が図22に書いた金額以下の収入あるいは所
　得がなければよい。

　　より詳細な認定基準は、『生計維持関係等の認定基準及び認定の取
　扱いについて〔厚生年金保険法〕平成23年3月23日　年発0323第1号
　日本年金機構理事長あて厚生労働省年金局長通知（以下、「認定基準」

〔図22〕　生計維持要件の定義

生計維持要件 ｛ 生計同一要件
（同居している・別居でも仕送り等）

収入要件
（収入850万円未満 or 所得655万5000円未満）
（＊令和2年3月現在）

という）という通達で定められている。ただし、これはあくまで通達なので、私人に対し拘束力を有するものではないことに留意する必要がある」

甲「本件の場合、ＸさんはＡさんと同居していたとのことですし、それほど多額の収入もないようですから、生計維持要件は充足しますね。事実婚の方は、何か認定する基準はありますか？」

5　内縁的重婚の認定基準

乙「内縁関係の認定については、今話した認定基準の『5』に記載があるよ。さらに、重婚的内縁関係の認定については、同『6』に記載がある（〈表8〉参照）」

〈表8〉　認定基準抜粋

> 5　事実婚関係
> 　(1)　認定の要件
> 　　事実婚関係にある者とは、いわゆる内縁関係にある者をいうのであり、内縁関係とは、婚姻の届出を欠くが、社会通念上、夫婦としての共同生活と認められる事実関係をいい、次の要件を備えることを要するものであること。
> 　　①　当事者間に、社会通念上、夫婦の共同生活と認められる事実関係を成立させようとする合意があること。
> 　　②　当事者間に、社会通念上、夫婦の共同生活と認められる事実関係が存在すること。
> 　(2)　除外の範囲
> 　　前記(1)の認定の要件を満たす場合であっても、当該内縁関係が反倫理的な内縁関係である場合、すなわち、民法第734条（近親婚の制限）、第735条（直系姻族間の婚姻禁止）又は第736条（養親子関係者間の婚姻禁止）の規定のいずれかに違反することとなるような内縁関係にある者（以下「近親婚者」という。）については、これを事実婚関係にある者とは認定し

ないものとすること。(略)

(3)　離婚後の内縁関係の取扱い

　　(＊筆者注　略)

(4)　認定の方法

　　これらの事実婚関係及び生計同一関係の認定については、3の(1)の①によるものとし、受給権者、生計維持認定対象者及び生計同一認定対象者からの申出並びに別表5の書類の提出を求め行うものとする。

6　重婚的内縁関係

(1)　認定の要件

　　届出による婚姻関係にある者が重ねて他の者と内縁関係にある場合の取扱いについては、婚姻の成立が届出により法律上の効力を生ずることとされていることからして、届出による婚姻関係を優先すべきことは当然であり、従って、届出による婚姻関係がその実体を全く失ったものとなっているときに限り、内縁関係にある者を事実婚関係にある者として認定するものとすること。

　　なお、内縁関係が重複している場合については、先行する内縁関係がその実体を全く失ったものとなっているときを除き、先行する内縁関係における配偶者を事実婚関係にある者とすること。

①　「届出による婚姻関係がその実体を全く失ったものとなっているとき」には、次のいずれかに該当する場合等が該当するものとして取扱うこととすること。

　ア　当事者が離婚の合意に基づいて夫婦としての共同生活を廃止していると認められるが戸籍上離婚の届出をしていないとき

　イ　一方の悪意の遺棄によって夫婦としての共同生活が行われていない場合であって、その状態が長期間(おおむね10年程度以上)継続し、当事者双方の生活関係がそのまま固定していると認められるとき

②　「夫婦としての共同生活の状態にない」といい得るためには、次に掲げるすべての要件に該当することを要するものとすること。

　ア　当事者が住居を異にすること。

　イ　当事者間に経済的な依存関係が反復して存在していないこと。

　ウ　当事者間の意思の疎通をあらわす音信又は訪問等の事実が反復して

　　存在していないこと。
(2)　重婚的内縁関係に係る調査
　　重婚的内縁関係にある者を「婚姻の届出をしていないが事実上婚姻関係と同様の事情にある者」として認定するには、届出による婚姻関係がその実体を全く失ったものとなっていることを確認することが必要であり、このため、次の調査を行い、その結果を総合的に勘案して事実婚関係の認定を行うものとすること。
　　なお、この調査は、相手方の任意の協力を得て行うものであるとともに、本人のプライバシーに関係する問題でもあるので、慎重に取り扱うものとすること。
①　戸籍上の配偶者に対して、主として次の事項について、婚姻関係の実態を調査すること。
　　なお、戸籍上の配偶者の住所は、戸籍の附票（住民基本台帳法第16条〜第20条参照）により確認することとすること。
　ア　別居の開始時期及びその期間
　イ　離婚についての合意の有無
　ウ　別居期間中における経済的な依存関係の状況
　エ　別居期間中における音信、訪問等の状況
②　前記①による調査によっても、なお不明な点がある場合には、いわゆる内縁関係にある者に対しても調査を行うこと。
③　厚生年金保険法及び船員保険法の未支給の保険給付並びに国民年金法の未支給年金についても同様の取扱いとすること。

別表5　事実婚関係及び生計同一関係に関する認定関係
　本文5の(1)に該当する者に添付を求める書類
　婚姻の意思についての当事者それぞれの申立書（当事者が死亡している場合にあっては死亡者に係る婚姻の意思についての第三者の証明書。ただし、当事者の一方が、死亡者が受給していた公的年金に係る加給年金額対象者であり、かつ、死亡の当時、当該受給権者と同居していた場合にあっては、この限りではない。）及び認定対象者が次の表左欄に掲げる者である場合にあっては表右欄に掲げる書類

認定対象者の状況	＊筆者注	提出書類
①―ア	住民票上同一世帯に属しているとき	住民票（世帯全員）の写
①―イ	住民票上世帯を別にしているが、住所が住民票上同一であるとき	a　それぞれの住民票（世帯全員）の写 b　別世帯となっていることについての理由書 c　第三者の証明書又は別表6に掲げる書類
①―ウ―㋐	住所が住民票上異なっているが、現に起居を共にし、消費生活上の家計を一つにしていると認められるとき	a　それぞれの住民票（世帯全員）の写 b　同居についての申立書 c　別世帯となっていることについての理由書 d　第三者の証明書及び別表6に掲げる書類
①―ウ―㋑	単身赴任、就学または病気療養等の止むを得ない事情により住所が住民票上異なっているが、生活費等の経済的援助が行われているあるいは定期的に音信、訪問が行われ、やむを得ない事情が消滅した場合は起居を共にし、消費生活上の家計を一つにすると認められるとき	a　それぞれの住民票（世帯全員）の写 b　別居していることについての理由書 c　経済的援助及び定期的な音信、訪問等についての申立書 d　第三者の証明書及び別表6に掲げる書類

別表6　事実婚関係及び生計同一関係を証明する書類（別表1及び別表5関係）

認定対象者の状況	提出書類
①健康保険の被扶養者になっている場合	健康保険被保険者証の写
②給与計算上、扶養手当の対象となっている場合	給与簿又は賃金台帳等の写

③同一人の死亡について、他制度から遺族給付が行われている場合	他制度の遺族年金証書等の写
④挙式、披露宴等が最近（１年以内）に行われている場合	結婚式場等の証明書又は挙式、披露宴等の実施を証する書類
⑤葬儀の喪主になっている場合	葬儀を主催したことを証する書類（会葬御礼の写等）
⑥その他①〜⑤のいずれにも該当しない場合	その他内縁関係の事実を証する書類（連名の郵便物、公共料金の領収書、生命保険の保険証、未納分の税の領収書又は賃貸借契約書の写等）

甲「先ほどの最高裁判例を踏まえての認定基準ですね。法律婚関係がその実体を全く失ったものであれば、重婚的内縁でも受給権者である『配偶者』となり得るということで、その実体を失ったと認定できる具体的事情を列挙しているわけですね」

乙「気を付けなければならないのは、当局はこの認定基準を形式的に当てはめて、不支給決定をする傾向があること。認定基準の『１　総論』では、『これにより生計維持関係の認定を行うことが実態と著しく懸け離れたものとなり、かつ、社会通念上妥当性を欠くことになる場合には、この限りでない』と書いてあるんだけどねえ……」

甲「乙先生、今日はありがとうございました。重婚的内縁の場合でも配偶者と認められる余地があること、そのポイントは、法律婚が実体を失っているものかどうかにあるということがわかりました」

Ⅳ
決定書のレビュー

1　決定書の内容

乙弁護士からのアドバイスを受けて、早速、Ｘさんに決定書（【書式14】）

を送ってもらった。

　送られてきた決定書をざっと読んで、おおよその事案は把握できた。Bが自営で稼ぎが出てきたことから亡Aとの仲が悪くなり、実質的に婚姻関係が破綻した後、亡AとXが事実婚状態になったという話だ。亡Aと戸籍上の妻Bとの別居期間およびXとの事実婚状態は6年程度となっている。

　遺族厚生年金不支給決定（以下、「本件処分」という）がなされた理由、そして審査請求が棄却された理由の最大のポイントは、別居期間および事実婚状態が6年程度であり、認定基準である10年をクリアしていなかったことであろう。

【書式14】　決定書

⊖騰本

決　定　書

審査請求人

　　　　　　　○○県○○市○○1－2－3
　　　　　　　　　　　　X

審査請求代理人

　　　　　　　○○県○○市○○4－5－6
　　　　　　　　　　社会保険労務士　▼　▼　　△　△

原処分をした保険者の機関

　　　　　　　東京都千代田区霞が関1－2－2
　　　　　　　　　　厚生労働大臣　●　●　■　■

被保険者であった者

　　　　　　　（亡）A
　　　　　　　昭和X年X月XX日生
　　　　　　　（XXXX－XXXXXX）

遺族厚生年金裁定請求者

〇〇県〇〇市〇〇１－２－３

X

昭和Ｘ年Ｘ月ＸＸ日生

主　　　　文

この審査請求を棄却する。

理　　　　由

第１　審査請求の趣旨

　審査請求人（以下「請求人」という。）の審査請求の趣旨は、厚生年金保険法（以下「厚年法」という。）による遺族厚生年金（以下、単に「遺族厚生年金」という。）の支給を求めるということである。

第２　審査請求の経過

　１　事案の概要

　　（略）

　２　請求人の主張の要旨

　　死亡した夫と請求人との間には生計維持関係が存在し、婚姻関係及び事実婚関係が存在する。

　３　保険者の主張の要旨

　　保険者は、原処分について、年金請求書に添付された関係書類を審査した結果、亡Ａの死亡当時、亡Ａと請求人との婚姻関係及び事実関係を認めることは困難であり、妥当である旨主張している。

第３　問題点

　１　（厚年法の定め等の説明）

　２　本件の場合、亡Ａの死亡が厚年法第58条第１項第１号に該当していることに当事者間に争いはなく、厚生労働大臣が行った原処分に対し、請求人はこれを不服としていることから、本件の問題点は、請求人が亡Ａの死亡当時、厚年法59条第１項に規定する配偶者に該当していると認められ、請求人に対し、遺族給付を支給することができるかどうかということである。

第４　審査資料

本件の審査資料は、次のとおり（いずれも写し）である。

　資料１　請求人が年金請求書に添付した次のものの写し

　　1－1　亡Aの除籍の全部事項証明書

　　1－2　Xの戸籍の全部事項証明書

　　1－3　亡Aに係る住民票の除票

　　1－4　Xの住民票

　　1－5　X作成に係る亡AとBの婚姻関係が実体を失っていたことの証明書

　　1－6　亡Aの遺言書

　　1－7　Xの源泉徴収票

　資料2　保険者が提出した資料

　　2－1　亡Aとの婚姻状況等に係るBの上申書

　　2－2　Bの預金通帳写し

第5　事実の認定及び判断

1　前記審査資料によると、次の事実を認めることができる。

　　（＊おおよその時系列）

1990年	会社員である亡AとBが結婚。同年両人の嫡出子C誕生。
1993年	Bが自営で店舗を経営することとなり、以後順調に業績を伸ばす。
1994年	Bの店舗経営を巡り、夫婦仲が険悪な状況に陥る。
2001年	家庭内別居状態となる。寝室も別、食事も別。
2005年	亡Aは自宅帰らないことが多くなる。
2010年	亡AとXの交際始まる。Xはパート勤務。
2012年	亡AとXは同居を開始する。住民票上の世帯は同一。
2013年	亡AからBに対し、500万円の送金。度々連絡をとりあう（Bの上申書）
2019年	亡A死亡。Xは最後まで看取る。

2　前記のとおり認定した事実に基づき、本件の問題点を検討し、判断する。

　　（＊　要点）

　・本件は重婚的内縁である。

　・本件における亡AとBの別居期間は6年程度であり、認定基準6⑴①イの
　　おおよそ10年を満たしていない。

　・亡AとB間には、金銭の授受が反復して認められ、認定基準6⑴②イ、ウ

を満たしていない。

・そうすると原処分は妥当である。

令和Ⅹ年Ⅹ月Ⅹ日

　　　　　　　　　　　　　　　●●厚生局社会保険審査官
　　　　　　　　　　　　　　　　▲▲　　○○　　印

　この決定に不服があるときは、決定書の謄本が送付された日の翌日から起算して２月以内に社会保険審査会（東京都千代田区霞が関１－２－２　厚生労働省内）に再審査請求を、又は行政事件訴訟法第14条の規定により、本決定のあったことを知った日から６月以内に、保険者が政府の場合及び決定の取消しの訴えは国（代表者は法務大臣）を、それ以外の場合は当該保険者を、被告として地方裁判所に提起することができます。

　なお、再審査請求は、この決定の取消しではなく、あくまでも保険者が請求人に対して行った原処分の取消しを求めることになります。

　これは謄本である。

令和Ⅹ年Ⅹ月ⅩⅩ日

　　　　　　　　　　　　　　　●●厚生局社会保険審査官
　　　　　　　　　　　　　　　　▲▲　　○○　印

2　再審査請求の適合性

　決定書の日付を見ると、まだ再審査請求期間の２カ月は経過していない。そうすると本件処分の取消訴訟のほか、再審査請求という選択肢も存在する。どのみち取消訴訟はやるにしても再審査請求をやるかどうか判断しなければならない。再審査請求は印紙代等の費用がかからないというメリットはある。また、年金関係の不服申立てでは、社会保険審査官が審査庁となり、社会保険審査会が再審査庁となるなど一応第三者が審理する形とはなっている。

　しかし、そうはいっても所詮行政機関の一種であり裁判所ほどの中立性は期待できない。再審査請求を行っても認定基準を満たしていないという形式的な判断が繰り返される公算が高い。本件の争点は事実認定の問題であり、本人尋問は必須でそのウェイトも大きい。手続上証人（本人）尋問が保障されている訴訟手続のほうが適合性が高いと考える。Xさんに再審査請求をやりたいという意向がない限り、取消訴訟を提起することにする。

3　認定基準（通達の拘束力）

　認定基準では、別居状態がおおむね10年以上継続していることとされるが、本件では6年間程度であり、形式的には認定基準を満たしていない。この点をどう考えるか？

　認定基準の法的性質は、講学上の行政規則であり、通達であり、運用指針であることは間違いない。通達は、行政組織内部の命令にすぎず、行政機関やその職員はこれに拘束されるが、一般の国民が直接これに拘束されるものではない（最判昭和43・12・24民集22巻13号3147頁）。また、運用指針は、多数の申請を迅速かつ適切に判断するための基準としてその限度では合理性を有するだろう。しかし、個々の要件認定にあたって、裁判所が個別具体的な判断により認定する余地を排除するものではない（最判平成25・4・16民集67巻4号1115頁）。認定基準自体、『これにより生計維持関係の認定を行うことが実態と著しく懸け離れたものとなり、かつ、社会通念上妥当性を欠くことになる場合には、この限りでない』と書いている。

　認定基準は、法規たる性質を有せず、これを充足しないことが直ちに本件処分（不支給決定）に結びつくものではないことを主張し、裁判所を説得しておく必要がある。

4　争　点

　認定基準が一般国民・裁判所を拘束するものではないといってもそれが直

ちに認容判決に結び付くものではない。認定基準があろうがなかろうが、裁判所が事実婚状態が10年継続することが必要だとの心証をもつならば認容判決は出ない。

　本件では重婚的内縁の配偶者が厚年法に定める「配偶者」に該当するかが争点であり、形式（法律婚）と現にある事実（事実婚）のどちらを優先すべきかという価値判断に帰着する。

　そして、その判断枠組みとして、リーディングケースであるH17年最判、その後の判例、認定基準等を自分なりに要約すると、

　A要件　法律婚が形骸化し、実体がないこと（以下、「形骸要件」という）
　B要件　事実婚関係が婚姻関係と同視しうる実質があること（以下、「実質
　　　　　要件」という）。
の2要件該当性で判断することとしている。

　さらに、以下の諸事情がこの2要件に該当するかどうかの考慮要素になっているようである（筆者によるまとめ）。

　A要件（形骸化要件）
　　A—1　別居期間その固定性
　　A—2　離婚の意思・合意
　　A—3　音信・交流の途絶
　　A—4　生計維持関係の不存在（生活費等の不交付）
　　A—5　関係修復行動の不存在
　B要件（実質要件）
　　B—1　夫婦の共同生活と認められる事実関係を成立させようとする意
　　　　　思の存在
　　ア　同居期間
　　イ　結婚式の有無
　　ウ　葬儀の際の喪主
　　エ　近親者、知人、関係者（職場等）への告知

　B―2　生計維持関係の存在（受給権認定のための要件でもある）。

　以上の判断枠組みからすれば、別居期間は、形骸化要件の考慮要素の一つに過ぎない。仮に法律婚の別居期間が認定基準の10年に満たなかったとしても、他の考慮要素により、法律婚が形骸化し実体がないものであること、他方、事実婚関係が婚姻関係としての実質を備え堅固・固定的なものであることが認定できれば、重婚的内縁の配偶者を厚年法上の「配偶者」として遇することができるであろう。

　本件の具体的な争点は、亡夫（A）と戸籍上の配偶者（B）間の婚姻関係が形骸化し実体がなかったことおよび亡夫（A）とX間の事実婚関係が堅固・固定的なものであったことの事実認定勝負にある。

　この観点から、Xからの聴取りを行うこととする。

V
Xからの聴取り

（甲弁護士は、Xと面談を行った）

1　基礎事項の聴取り

　まず、審査請求の決定書（【書式14】）で認定された事実関係の確認を行った。Xさんによれば、大筋において間違いはないという。次に、審査請求の際に提出されている資料についてその存否を確認すると、請求代理人である社労士を通じてすべて提出してしまい、社労士も控えを持っていないという。仕方ない。この点は別途考えることとする。

　事実婚に関する事実関係の概要を把握し、年金裁定請求から審査請求およびその決定に至る時系列もわかったので、Xさんに再審査請求の制度の説明とそのメリット・デメリットを説明したうえで、再審査請求をまず行うか、それとも直ちに訴訟提起するか、どちらにするか協議したところ、Xさんは、再審査請求をしても結論が変わるとは思えないし、早く決着させて遺族年金を受給したいとのことであったので、直ちに訴訟提起する方針とし、その内

容でXさんと委任契約を締結することとした。

　次に、Xさんから、個別の論点について、ポイントを絞って聴取りを行った。

2　事実婚の堅固・固定性

甲「Xさんにとって、Aさんとはどういう関係だと思ってますか？」

X「それは、夫婦と思っていますよ」

甲「逆にAさんはどう思っていたと思います？」

X「同じですよ」

甲「そう言い切れる何か根拠はありますか？」

X「Aと交際を始め、同居する際に、Aは、『Bとは10年以上口を聞いていないし、もう離婚していると同じだ。正式に離婚したいのだが、前にその話を切り出したところ、慰謝料だなんだかんだで、法外な金額を吹っかけられ、しかもしつこいのでなかなか難しい。君が僕の奥さんだよ』と言っておりましたから」

甲「XさんAさん以外の第三者はどうみてましたかね？」

X「Aの弟さんのDとは、家族ぐるみで交流があって、Dさんは私のことをAの妻として接してくれてました。あと、私は、通称名としてAの名字（氏）を名乗ってましたので、私宛の年賀状などにはその名前できておりました」

甲「Dさんから、何か書面をもらうようなことはできますか？　それとその年賀状はお手元にありますか？」

X「年賀状はもちろんありますし、Dさんは、多分協力してくれると思います」

甲「Xさんの生活費等はどうなってましたか？」

X「私はパートで年収200万円くらいしかありませんから、Aの収入に頼ってました。賃貸マンションの家賃や光熱費はAが支払っていて、食

費などは私が主に払ってました」

甲「財布は一緒だったということが大事ですが、何か証拠みたいなものはあります……」

X「そんなものないですが……一緒に暮らしてましたし、住民票も一緒ですから、普通家計も一緒なんじゃないんですか？」

甲「住民票の『世帯』も同じですよね？」

X「はい、続柄として『妻（未届)』と記載してもらいました」

甲「わかりました」

3　法律婚の形骸化

甲「Aさんと同居した、つまり内縁関係に入ったきっかけは何ですか？」

X「Aとはその前から交際していましたが、Bさんに対する愚痴をしばしば言ってました。Bさんはとてもお金が好きな人のようで、店をやり始めてからは、Aの稼ぎが少ないとか、小遣いのことまで口うるさく言っていたようです。ですので、Aは、ほとんど自宅に寄りつかなかったようです。そんな折り、Aさんの息子さんのCさんが就職することとなり、それを機に、完全にBさんとは縁を切り、私と生活することを選んだのだと思います」

甲「繰り返しで恐縮ですが、AさんはBさんと正式に離婚の協議とか何か手続はしていなかったんですか？」

X「私と知り合う前はわかりませんが、していないと思います。ただ、Dには度々相談していたかもしれません」

甲「Xさんと同居して以降、AさんとBさんとの関係はどうですか？」

X「一切連絡を取っていないとは思いますが……ただ同居してすぐの頃、Aは自宅に自分の私物を取りに行ったことがあったのですが、『鍵が代えられていて持ち出せなかった』とはこぼしていたことはありました」

甲「その後Aさんが B 宅に行ったことは？」

X「ないと思いますよ、『戻れなくなってせいせいした』って言ってましたから」

甲「BさんからAさんへの接触はありましたか？」

X「記憶にあるのは、一度だけ。Bさんからメールがあったようで『これで最後だ……』と言ってましたが」

甲「何が最後なのでしょうか？」

X「Bとの関係だと思いましたが」

甲「何時頃ですか？」

X「同居して間もなくだから、2013年頃だったと思います」

甲「Aさんは遺言書を残してますよね、どんな内容ですか？」

X「それは現物を持っているんで、今日持ってきました。これです」

甲「『本当の妻であるXに財産の2分の1を、子のCに2分の1を残す。Bとは清算しているので、もう一切財産が行かないようして欲しい』と書いてありますね」

X「そうです。ただBさんから遺留分がどうのこうのと言われて2分の1ももらってはいませんが」

4　500万円の出捐等

甲「Bさんの上申書から窺われることとして、Aさんから2013年頃に500万円の生活費を渡してもらったということがあるのですが、何か心当たりがありますか？」

X「わかりません。お金が動いたのは、通帳見たらわかりましたので、それはそうなんだろうと思いますけど」

甲「さきほど、2013年頃にAさんがBさんにメールして『これで最後だ……』と言ったようなことがあったと言いましたが、ひょっとしてこの500万円のことではないですか？　手切れ金として支払ったと考え

　　　　　られませんか?」

X「そうかもしれませんし、多分そうなんだと思います。だから遺言書で
　　『清算』と言っているのでしょう」

甲「Bさんは、別居後もAさんと連絡を取り合っていたようなことを言っ
　　ているのですが心当たりは……」

X「先ほど話したとおり、私が知っているのは、メールの1件だけです。
　　ただ、こっそりメールでやりとりしていたかもしれませんが……」

甲「メールというのは、パソコンのメールですか?」

X「はい。Aはよくパソコンを開いてましたから」

甲「メールを見たことはありますか?」

X「それはないです。そもそも私パソコンとか苦手ですし」

甲「Aさんのパソコンはありますか、あれば貸してください」

X「う〜ん、遺品の中にあったと思うのですが……探してみます」

甲「ぜひお願いします。」

VI
立証方法の検討

1　主張・立証責任の分配

　訴状起案および訴訟戦略を考えるにあたり、立証すべき事項をまとめた上
で、その立証方法を考えることとするが、その前提として、どこまで原告
(受給者側)が主張・立証責任を有するか調べることとする。

(1)　処分取消訴訟の訴訟物

(A)　処分取消訴訟の性質

　そもそも遺族厚生年金不支給決定取消訴訟等の処分取消訴訟の訴訟物
(Streitgegenstand)は何か?

　処分取消訴訟は、形成訴訟であると解される(南博方編『条解行政事件訴訟
法〔第4版〕』40頁)。なぜかといえば、行政行為(行政処分)には、公定力

（取消訴訟の排他的管轄）があり、取り消されるまでは、一応有効と説明される。この一応有効とされる権利関係（公定力）を処分の違法（瑕疵）という形成原因を主張することによって覆滅させ無効とし、権利関係を変動（公定力排除）することが訴訟の目的だからである。

　形成訴訟と解した場合、その訴訟物は、実体法上列挙された形成原因であるが（離婚訴訟であれば、不貞行為等の離婚原因）、行政実定法は、このような形で取消事由を明示していない。処分取消訴訟の本質が上述のように公定力排除のためのシステムであり、当該処分が違法である場合に公定力が排除されるという理解からすれば、その訴訟物は「行政処分の違法一般」と解される（司法研修所編『改訂行政事件訴訟の一般的問題に関する実務的研究』（以下、「実務的研究」という）141頁）。

　しかし、「行政処分の違法一般」といわれても今ひとつ意味がわからない。この点について、実務研究143頁以下は、行政実定法規における処分要件の定めとして、〈表9〉の2類型に大別できるとする。

(B)　第1類型の処分の訴訟物

　第1類型の処分は、処分要件すべてが充足されてはじめて処分が発動できるパターンであり、許認可処分の大半を占める。たとえば、農地法4条の農地転用許可の処分要件は、大きく立地基準と一般基準の2つの要件から構成されるが、その双方が充足されて初めて農地転用許可処分が発動される。

　第1類型の処分が処分取消訴訟で争われた場合（その取消しを原告が求める場合）、たとえば、処分要件として1号から4号までの処分要件があれば、

〈表9〉　処分要件の類型

・第1類型の処分…複数の処分要件の<u>すべて</u>が充足されると処分が発動される
　　　　　　　　類型
・第2類型の処分…複数の処分要件のうち<u>1つ</u>が充足されると処分が発動される類型

〔図23〕　第1類型の訴訟物

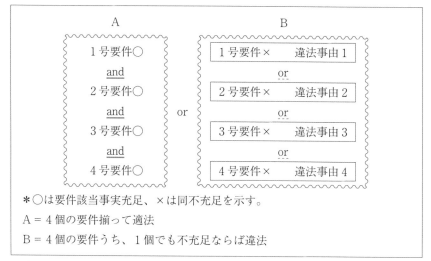

＊○は要件該当事実充足、×は同不充足を示す。
A＝4個の要件揃って適法
B＝4個の要件うち、1個でも不充足ならば違法

※実務研究145頁の表をもとに作成

　被告（行政主体）は、1号から4号までの処分要件を充足していることを示さなければ処分の適法性を根拠づけられない（〔図23〕のA）。
　その裏の関係として、論理的には、処分要件のいずれか1個でも充足されていなければ、当該処分は違法となる（〔図23〕のB）。この関係を図で示したものが〔図23〕である。
　処分取消訴訟のテーマは、当該処分が適法か？　違法か？　であり、審理のテーマは、〔図23〕の波線で囲った範囲となる。受訴裁判所としては、図23のBのうち、違法事由1から4までのいずれか1個でも認定できれば、他の要件がどうであれ、処分は違法との認定ができる。そうであれば、第1類型の処分に関しては、〔図23〕のBの実線で囲った違法事由1から4それ自体が訴訟物となるのではなく、それらは訴訟物を構成する要素にすぎず、個々の違法事由とは区別された、〔図23〕のBの波線で囲った枠自体が訴訟物となる。これが「処分の違法一般」と表現されるものである。第1類型の

〔図24〕　第 2 類型の訴訟物

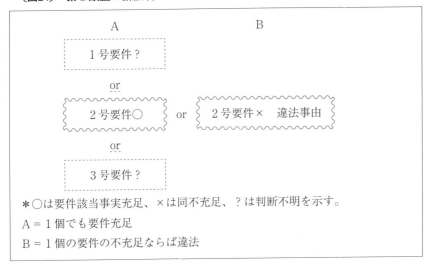

※実務研究145頁の表をもとに作成

処分にあっては、個々の違法事由の集合体（違法一般としか表現しようがない）が訴訟物となり、それを構成する個々の違法事由の 1 つでも認められれば、いわば波線で囲った枠全体が違法となる。

(C)　第 2 類型の処分の訴訟物

一方、第 2 類型の処分は、複数の処分要件のうち、1 つでも充足されれば処分が発動できる類型である。

先に挙げた農地法 4 条に基づく農地転用許可の拒否処分であれば、立地基準要件を充足したとしても、一般基準要件を満たさないと、拒否処分が発動される。

このように、申請に対する許認可等の拒否処分（不許可処分）や許認可等の取消処分等の不利益処分は、この類型となることが多い。

第 1 類型の処分の場合、処分庁は、処分要件のすべてを判断しなければ処分できないのに対し、第 2 類型の処分では、特定の 1 個の処分要件の充足を

判断すれば処分できる。

　すなわち、第1類型の処分では、処分という処分庁の第一次判断権の対象はすべての処分要件に及ぶが、第2類型の処分の場合、その第一次判断権は、特定の1個の処分要件にしか及んでおらず、その判断の結果である処分の適法・違法は、第一次判断権の対象となった特定の1個の処分要件に限定される。

　農地転用許可の拒否処分に照らせば、一般基準要件を充足していないと判断した以上、許可できないのであり、重ねて立地基準要件を審査する必要はない。

　以上の論理的な関係を図に示すと〔図24〕のとおりである。不利益処分（営業停止処分等）につき、仮に1号から3号までの処分要件のいずれか一個を充足するとき処分を発動できる場合（〔図24〕のA）、その裏の関係として、論理的には、当該処分要件が充足されていなければ違法となる（〔図24〕のB）。

　〔図24〕では、一つの処分要件に該当することを前提としているが、仮に、処分庁が、複数の処分要件に該当するとして処分を行った場合、裁判所としては、一つの処分要件を充足しない（違法事由がある）と認定できても、各処分要件間には論理的な結び付きは全くなく、無関係の事実であり、処分庁が主張する他の処分要件も不充足であることを認定しなければ、当該処分は違法であると判断することはできない。すなわち、審判の対象となるのは、行政庁が第一次判断権を行使した個々の処分要件（裏を返せば個々の違法事由）であり、仮に違法事由が複数あると主張された場合、そのすべてについて判断しなければ、当該処分の適法・違法を最終的に判断できず、第一次判断権を行使した個々の違法事由（波線で囲った部分）が訴訟物となると解される。

　⑵　主張・立証責任

　本件処分は、申請に対する拒否処分であり、上記に従えば、第2類型の処

分となる。そして、拒否処分の理由は、配偶者要件を充足していないということであるから、その裏の関係である処分違法事由は、配偶者要件を充足しているということであり、これが訴訟物となる。このことはわかった。

では、処分の適法性を理由づける配偶者要件を充足しないことを被告が主張・立証すべきなのか、それとも処分の違法性を理由づける配偶者要件を充足することを原告が主張・立証すべきなのか？

抗告訴訟における主張・立証責任の分配に関する定説と呼べるものはない。民事訴訟における法律要件分類説も基準の1つとはなり得るが、裁判規範ではなく行為規範として規定されている行政実定法と整合性を有するとはいえない。

法律による行政の原則あるいは憲法秩序に鑑みて、侵害処分（国民の自由を制限し、義務を課す処分）については、その処分要件に関する主張・立証責任を被告（行政主体）に負わせ、受益処分（国民が自己の権利領域、利益領域の拡張を求める申請の拒否処分）については、原告が受益処分の処分要件の主張・立証責任を負うとする考え方もある（実務的研究172、178頁）。

こと、遺族厚生年金不支給処分取消訴訟においては、実務的には、上記の考え方で運用されており、原告のほうで配偶者要件を充足することを主張・立証しなければならないであろう。

重婚的内縁における配偶者要件の判断枠組みは、既述のとおり、A要件（形骸化要件）とB要件（実質要件）であり、具体的には、これらを充足する事実を原告が立証しなければ負けてしまう。

2 立証すべき事項

審査請求の決定書（【書式14】）とXからの聴取りを勘案して、本件における立証すべき事項を下表（〈表10〉）のとおり整理してみた。

〈表10〉Bの実質要件は、当方サイドの問題であるから、立証は比較的容易と思えるが、上記Aの形骸化要件は、基本的には原告（X）と関係ない亡

〈表10〉　立証構造図

```
＊訴訟物
　配偶者要件を充足すること
　（XがAの厚年法上の配偶者であること）


＊立証すべき事項
　A　形骸化要件の充足
　　①　AとBの婚姻生活は相当に険悪なものであり、婚姻生活破綻は実質的に
　　　　は2001年から18年間程度に及んでいること
　　②　Aは、Bとの離婚意思を有していたこと
　　③　Bは、Aとの婚姻関係を修復する努力をしてないこと
　　④　AからBへの500万円の送金は、事実上の離婚給付と捉えられること
　　⑤　AとBが生計を異にしていたこと＝Bに独立生計しうる資力があること
　　⑥　AとB間に反復した音信・交流がないこと
　B　実質要件の充足
　　①　AはXを配偶者とする意思を有していたこと
　　②　近親者Dや知人も両者が夫婦であるとの認識を有していたこと
　　③　AとXが同居し、生計を同じくしていたこと
　　④　AとXの婚姻生活の実態・実情
```

夫（A）と戸籍上の妻（B）間の関係についての立証である。まして、一方当事者の亡夫（A）は死亡していて、戸籍上の妻であるBの協力が得られるとは思えない。それどころか、本件では戸籍上の妻（B）の上申書として、おそらく原告（X）に不利益な事実が提出されていることが窺える。

　〈表10〉Aの形骸化要件については、外形的な間接事実の積み上げによって法律婚が形骸化していることを立証していくほかないであろう。

3　具体的立証の方法

〈表10〉の立証すべき事項を基に、その典型的な具体的立証方法を〈表11〉

〈表11〉　立証計画

立証すべき事項 （表10）	直接証拠	間接事実	間接証拠
A①	（Bの供述）	別居期間	住民票
A②	（Bの供述）	A死亡時の意思	遺言書
A③	（Bの供述）	生前のAの言動	Xの陳述書・供述
A④	（Bの供述）	生前のAの言動	Xの陳述書・供述
A⑤	（Bの供述） Bの預金通帳 Aの預金通帳	Bが遺族年金を受給していないこと	Bに対する年金不支給決定等
A⑥	（Bの供述）	生前のAの言動	Xの陳述書・供述
B①	Xの陳述書・供述	A死亡時の意思	遺言書
B②	Dの陳述書・証言	XがAの姓を名乗っていたこと	Aの姓が書かれたX宛の年賀状
B③	Xの陳述書・供述	同居の事実・A、Xの収入状況	住民票・源泉徴収票
B④	Xの陳述書・供述	生活の状況	写真等

としてまとめてみた。

　認定基準（〈表8〉）によれば、住民票上の住所が同一でかつ同一世帯であれば、生計同一関係を認定することが可能である。本件では幸いにXとAはこれに該当するので、住民票を証拠提出すればそれで足りるとも思えるが、念のためにXが生計を亡夫（A）に頼っていたことの証拠として、世帯全体の家計状況とXおよび亡夫（A）の収入に関する証拠もダメ押しで提出することとする。また、住民票により、亡夫（A）と戸籍上の妻（B）との別居の事実とその期間も立証できることとなる。

　亡夫（A）は、遺言書で「戸籍上の妻（B）とは清算が終わっている」旨記載している。この事実から、亡夫（A）は離婚意思を有していたこと、Xを配偶者とする意思を有していたこと、そして、亡夫（A）から戸籍上の妻（B）への500万円の送金は、清算金（離婚給付）であったとの推認は可能であろう。それを補強する形でのXの陳述書・供述（本人尋問）という位置づけになる。

　〈表10〉Bの実質要件を立証する客観的証拠としては、亡夫の弟（D）の陳述書・証言と年賀状が存在するので、ここを基軸にXの陳述書・供述（本人尋問）で補足する。

　〈表11〉A⑤の亡夫（A）と戸籍上の妻（B）が生計を別にしていたことについては、審査請求の際に戸籍上の妻（B）の通帳が資料として提出されているようであり（【書式14】資料2−2）、その内容で戸籍上の妻（B）が独立生計できるだけの収入があったことが立証できるかもしれないし、これと亡夫（A）の通帳を照らし合わせて、亡夫（A）からの送金の事実が認められなければ、立証に成功するだろう。

　何よりの事実としては、戸籍上の妻（B）が遺族年金の裁定請求をしていない。あるいは不支給決定を受けたという事実であろう。年金の請求をしていないということは、年金がなくても生活に困窮しないということであるし、不支給決定がなされていれば、収入要件（収入として年間850万円以下であることが必要となる）を満たしていないということであり、つまり、独立して生計を営んでいたことの裏付けとなる。

　問題はその立証方法だが、被告が戸籍上の妻（B）に対して訴訟告知（行訴7条、民訴53条）をしなかったということ自体が、遺族厚生年金の給付を受けていないことの証左となる。なぜならば、遺族厚生年金を受給できる配偶者は1人だけである。仮に戸籍上の妻（B）がこれを受けているにもかかわらず、原告（X）が訴訟で勝訴したとすれば、戸籍上の妻（B）は年金受給資格を喪失する。戸籍上の妻（B）は、訴訟結果によって権利を侵害され

る第三者であり（行訴法22条）、被告としては、戸籍上の妻（B）に訴訟告知をなさざる得ないからである。さらに、ダメ押しとして、戸籍上の妻（B）に対する遺族年金不支給決定の存否を被告に対する求釈明で確認するという方法も考えられる。

　証拠の収集方法だが、住民票や戸籍等は、こちらで準備することはできる。しかし、本件では、審査請求を経由し、これらの基礎的証拠が提出されているので、この際の証拠をそのまま流用できれば時間と労力の節約になる。問題は、流用したくともその控えが社労士のところにも残っていないという点だ。ただ、被告というか処分庁は当然持っているはずで、これを出してもらえればよい。方法としては、行政事件訴訟法の釈明処分の特則（同法23条の2第2項第1号）を利用する。これにより審査請求の裁決を経ている処分については、審査請求の記録の全部または一部を出してもらえる。便利な制度だ。

　さて、これだけで勝てるであろうか？　個人的には、イケるのでは？　と思うが、法律婚の尊重という建前や別居期間が認定基準に満たないということを考えると、裁判官の腹づもり1つなので不安を感じる。やはり婚姻関係が形骸化していたことの決め手となる客観的な証拠が欲しい。Xの話によれば、亡夫（A）と戸籍上の妻（B）との間でメールのやり取りがあったようであり、それを顕出できればかなり安心できる。遺品にパソコンがあったと言うことなので、それが見つかればメールは証拠として出せるだろうと思う。見つかってくれればよいのだが……。

Ⅶ
訴状起案から第1回口頭弁論期日まで

1　訴状起案

　主張の骨子およびおおよその立証計画を立てたうえで（〈表10〉、〈表11〉）、訴状起案に取りかかるが、まずは懸案である亡夫（A）のパソコンが見つかったのか、原告（X）に聴いてみる。残念ながら今のところ見当たらないとのことであった。見つかるまで待ってもよいのだが、〆切（出訴期間）は刻々と迫っているのでいつまでも待てない。パソコンがあってもなくても提訴するという方針に変わりはないであろう。原告（X）とそのことについて

〈表12〉　**訴状構成**

番号	項　　目	内　　容
第1	事案の概要	争点は、重婚的内縁関係であり、事実婚の配偶者（原告）が遺族厚生年金の受給権者であることを概括的に示す。
第2	法令の定め	遺族厚生年金の受給権に関する厚年法の条文摘示。 認定基準は、通達に過ぎず、法的拘束力を有するものではないことの主張。
第3	訴訟要件	審査請求を行ったこと、出訴期間が経過していないことを示す。
第4	処分要件の充足	配偶者要件および生計維持関係要件以外の遺族厚生年金受給のための要件（保険料納付、収入要件等）を充足していることを示す。
第5	事実婚関係の存在および法律婚の形骸化	裁決書に記載されている程度の事実関係を簡潔に記載し、原告が厚年法上の配偶者であり、遺族厚生年金の受給権者であることを示す。
第6	まとめ	よって書き。

相談したところ、なんであろうが提訴したいとの意向であったので、訴訟提起向けて準備を進めることにする。

　訴状の構成は、〈表12〉のとおりとした。被告に対し、審査請求をした際の資料（証拠）を求釈明により提出させる算段なので、より詳細な主張は、求釈明に対する回答を待ってからとする。

2　管　轄

　裁判管轄は、被告または処分庁の所在地を管轄する裁判所となるが（行訴12条 1 項）、本件では、処分庁は厚生労働大臣であり、被告（行政主体）は国であるので、いずれにせよ東京地方裁判所に提訴することとなる。

3　訴　額

　提訴に向けて印紙を買おうとして、はたと困った。訴額はいくらになるのか？　算定不能の160万円か？　それとも原告が受給すべき年金の総額となるのか？　その場合、算入すべき年金の受給期間はいつまでなのか？

　書物（裁判所書記官研修所編『訴額算定に関する書記官事務の研究〔補訂版〕』124頁）によれば、労災保険の例ではあるが、提訴時までの保険給付＋提訴後 1 年以内の保険給付が訴額となる旨書かれている。これに準じて考えればよいのであろうが、正確に遺族厚生年金の給付額を計算できない。仕方ないので、東京地方裁判所に聴いてみたところ、裁判所から被告に対し、訴額（上記期間の給付額）の算定を依頼する、それによって訴額が確定した時点で原告に印紙を納めてもらうので、「手数料が確定したときは、速やかにこれを納付します」との上申書を出してもらえればよいとのことであった。

4　期日指定と答弁書提出

　訴状、証拠説明書、甲号証および求釈明申立書（審査請求時の証拠資料の提出要請）等を提出し、受理後、 1 週間ほどで担当書記官から第 1 回口頭弁論

期日の日程調整のため連絡が入った。行政事件訴訟なので、例によって第1回まで長めに期間を取るとのことで、第1回口頭弁論期日は、2カ月後となった。

　2カ月もあるので、せめて簡単にでも認否反論してくれればいいなあと思っていたが、答弁書が提出されてみると、10人近い訴訟代理人と指定代理人の名前が連なっているが、請求棄却の旨と認否は一言。「おって準備書面で明らかにする」のみ。これだったら、第1回期日は通常どおり1カ月後で良かったんじゃないのと思う。

5　第1回口頭弁論期日

　被告からは、代理人弁護士と指定代理人2名が被告席に着座し、傍聴席には7〜8名程の指定代理人または被告の関係者（職員）とおぼしき傍聴人がいた。

　答弁書の内容が薄いので、次回期日を決めるだけの期日になってしまったが、求釈明に対する回答として、審査請求時の証拠資料を提出してもらいたいという点は念押ししておいた。その次回期日であるが、被告において決裁がどうのこうのという話で、2カ月後となってしまった。

VIII
第2回口頭弁論期日から第3回口頭弁論期日まで

1　第2回口頭弁論期日

　書面の提出期限ぴったりに、被告から準備書面と乙号証が提出された。求釈明していた資料も乙〇号証として提出された。これでずいぶん立証の手間が省けた。

　被告からの準備書面であるが、構成は〈表13〉のとおり。後で乙先生に聴いてみたところ、テンプレートがあるようで、第4以外は、定型的なものであるとのことであった。

〈表13〉　被告準備書面構成

番号	項　目	内　容
第１	請求原因に対する認否	訴状の各項目に対する認否の記載。
第２	本件に至る事実関係	裁決書に沿った形での亡Ａの身分事項や提訴に至るまでの手続等、外形的（争いのない）事実関係の記載。
第３	関係法令等の定め	遺族厚生年金の受給権に関する厚年法の条文摘示。
第４	本件不支給処分が適法であること	原告は、配偶者要件を満たしていないこと（主として認定基準を満たしていないこと）の記載。
第５	結語	結論の記載。

　被告準備書面のうち、実質的に意味があるのは、第４の部分のみであるといって良い。要点は、亡夫（Ａ）と原告（Ｘ）間に事実婚関係および生計維持関係があったこと自体は争っていないが、戸籍上の妻（Ｂ）の上申書に従い、金銭的援助があったこと、継続的な音信等があったことを指摘のうえ、別居期間がおおむね10年に達しておらず、法律婚関係が形骸化しているとはいえないとの主張である。

　次々回（第３回）は、これに対する反論と事実経過、特に法律婚が形骸化していたことの詳細な主張・立証を行う必要があるだろう。

　第２回口頭弁論期日が開かれ、裁判長より、次回に原告のほうで、亡夫（Ａ）と戸籍上の妻（Ｂ）との婚姻関係が形骸化していたことの詳細な事実関係の主張・立証を行うように指示された。準備期間は、通常の１カ月で良いと回答した。

　さらに、当方から、被告に対し、戸籍上の妻（Ｂ）に対して訴訟告知を行ったか、あるいは行う予定があるかについて聴いたところ、いずれもないとのことであった。これは、次回の書面で使用することとする。

2　原告らとの打合せ

次回提出する書面の準備として、再度、原告（X）と打ち合わせを行う。この際、亡夫（A）の弟さんDの話も聴きたいので同席をお願いし、二人併せて話を伺った。

原告（X）からは、前回聞いた内容の確認とその深掘りを行ったが、大きな変動はなかった。Dからは、「兄（A）からは原告（X）と再婚すると聴かされていた。私たち家族もXさん（原告）を妻として対応していた。ただ、B（戸籍上の妻）との離婚は金銭面で難しいのでどうしたものかと相談を受けたことがある。兄（A）からは、戸籍上の妻（B）の話はほとんど聴いていないし、結婚式ぐらいしか会ったことがない」との話を聴けたが、亡夫（A）と戸籍上の妻（B）間のもっと生々しい修羅場の話は聴けなかった。

取りあえず、二人の話をまとめて、陳述書を作成しておいた。Dには、証人としての出廷をお願いする場合があること、その際の協力を依頼し、快諾いただいた。

3　準備書面起案

原告とDから聴取りした内容、その陳述書、そして被告が乙○号証として提出した審査請求時の資料（証拠）を基礎として、準備書面を起案する。

まず、念押しとして、認定基準はあくまで通達に過ぎず、裁判所を拘束するものではないこと、従って、別居期間がおおむね10年間に達していなかったとしても、そのことだけで配偶者要件が否定されることはないとの法律上の主張をしておく。

次に、事実主張として、原告（X）と亡夫（A）が知り合ってから交際に至るまで、その後同居に至った経緯、婚姻生活の状況、生計関係等を時系列に従い詳細に記載すると共に、戸籍上の妻（B）との関係が形骸化していたことを聴き取りベースだが記載する。補強として、本訴において、被告は、戸籍上の妻（B）に対し訴訟告知を行っておらず、戸籍上の妻（B）から訴

訟参加の申立てもないことから、戸籍上の妻（B）は遺族厚生年金を受給しておらず、これは取りも直さず戸籍上の妻（B）と亡夫（A）間には生計維持関係が存在しなかった旨も記載しておく。形骸化に関する事情を記載してみたが、どうしても推測になってしまう。客観的な証拠として遺言書があるが、この記載だけで生活費500万円送金の事実や反復した音信があったと主張する戸籍上の妻（B）の主張を弾劾できているか？　主張・立証責任は原告にあるので、non-liquet では負けてしまう。

　一抹の不安はあるが、とりあえずここまでまとめて、証拠と共に提出する。

4　第3回口頭弁論期日

　準備書面等を提出した数日後、受訴裁判所の左陪席裁判官から電話があった。何かな？　と思って話を聴くと、亡夫（A）と戸籍上の妻（B）間の関係が破綻していたことの客観的証拠はないか？　あれば提出してもらいたいとのことであった。具体的にどのようなものをご所望か？　と聴くと、手紙やメール等のやり取りはないか？　という。あればとっくに出しているのだが……。鋭意努力する旨回答すると、裁判官からは、次回期日は続行するので、引き続き準備してほしいとのことであった。

　第3回口頭弁論期日が開催され、当方は準備書面を陳述した。左陪席裁判官の事前予告のとおり、裁判長から、原告はさらに主張・立証を補充するようにとの指示がなされて期日が終わった。

　さて、どうするか。

Ⅸ
第4回口頭弁論期日から第6回口頭弁論期日まで

1　パソコンの捜索

　原告（X）からの聴取りで、亡夫（A）は、戸籍上の妻（B）とメールのやり取りをしていた形跡はあるので、これを証拠として出したい。出したい

が、2回目に原告と面談した際に聴いても、このパソコン（PC）が見つからない。捨てたかもしれないという。ただ、PCは資源の有効な利用の促進に関する法律によりリサイクルが義務づけられているから、一般廃棄物としてゴミ処理に出すとは思えないし、リサイクルに回したならば、それは記憶に残るであろうから、どこかしらに現存すると信じたい。

　原告にPCは見つかったか？　と尋ねるが、見当たらない。よかったら先生自ら探してくれ。というので、失礼ながら家捜しさせてもらうこととした。

　原告（X）は、亡夫（A）死亡後、家賃が払えないので一緒に住んでいた賃貸マンションを引き払い、アパートで一人暮らしをしていた。このあたりの事情も「実情」として次回書面に盛り込もうと思うが、そのようなわけで急いで引越しを行い、その際に亡夫（A）の遺品は、不要と思われる物は廃棄し、後はまとめて段ボール箱に詰めて、今のアパートの1室を物置代わりにして保管しているという。その部屋を見てみたが、雑然と段ボール箱が山積みになっており、どこから手を付ければよいかわからない。見つからないわけだ。そうはいってもやらなければ先に進まないので、手当たり次第に箱を開けて中身を確認していく。

　結論。半日を費やしたが、PCは見つからなかった。

　途方に暮れつつ、「どこにしまったんだろうねぇ」と原告と雑談しつつ、「引越作業は業者を使ったんですか？」と何気なく聴いてみると、お金がもったいないので、自分（原告X）の弟と甥っ子に手伝ってもらったという。「ひょっとしてその人たちが持っているんじゃないですか？」と聞いてみると、原告（X）は、ちょっと考えて、「思い出した。どうしても部屋に入りきらない分があったので、しばらくの間ということで一箱弟に預かってもらった」と話された。ひょっとしらその箱にPCがあるかもしれない。原告（X）にその点を確認してもらうことにしてとりあえず家捜しは終了した。

2　パソコン発見

　翌々日、原告（X）から電話があり、「やはり弟が保管していた。先生に郵送できる」との話であったので着払いで送ってもらうこととした。

　手元に PC が届き、万感の思いで電源を ON にする。するが起動しない。全く動く気配がない。壊れているのかと思い HDD からのデーター復旧作業が頭をよぎるが、よく考えれば単にバッテリー切れだと思い当たる。しかし、電源ケーブル（AC アダプター）はない。仕方ない。某通販サイトで、同じメーカーの電源ケーブルを物色して購入する。これが届いたので、早速接続して電源を ON にすると、起動した。よかった。問題は、メールデータが残っているかだ。

　メーラーを開いてみると、かなり古くからのメールデータが保存されていた。ただ、すごい量だ。まずは、戸籍上の妻（B）との送信あるいは受信メールがないかを1件ずつ確認していく。あった。そのメールアドレスで検索（ソート）を行う。戸籍上の妻（B）とのメールのみが抽出された。

3　メール内容

　上記の結果、以下のようなメールが見つかった。

　・2012年4月　　A→B

　　「結婚して20年近く、君とは形だけの夫婦であった。息子も無事大学を卒業し就職したと聴いた。良い機会だ。僕はもう家には帰らない。新居でXと新しい生活を始める。今日で君とは縁を切る。今まで君から受けてきた様々な仕打ちを思うと正式に離婚したいが、そうすると君はまた慰謝料だなんだかんだとうるさいからこのままとする。もう最後になるが元気でいて欲しい」

　・2012年5月以降　B→A

　　（月一度程度の頻度で一方的なメール。内容としては、碌でなし・身勝手

な奴とＡをなじり、慰謝料を払えというもの）

・2013年4月　Ａ→Ｂ

　「君は本当に酷い人だ。これで最後だ。手切金として500万円を君の口座に振り込んでおく。これで最後だ。もう連絡しないでくれ。いうまでもないが、僕の遺産は君には残さないから。これで最後だ」

・2013年5月以降　Ｂ→Ａ

　（月一度程度の頻度で一方的なメール。内容としては、相変わらず、碌でなし・身勝手な奴とＡをなじり、500万円程度のはした金では解決にならない。もっと払えというもの）

　これは決定的な証拠だなと思う。戸籍上の妻（Ｂ）からは盛んに悪口と金の無心のメールが送信されている。これがＢ主張の音信があったということの正体のようである。一方、亡夫（Ａ）からの返信は、上記の2件のみ。この内容では定期的に音信があったとは到底いえないだろう。500万円の送金もその趣旨は事実上の離婚給付であることが明らかであるし、遺言書の内容とも整合している。

4　第4回〜第6回口頭弁論期日

　上記メールをプリントアウトしたものと、念のため PC 発見に至った経過、メールを発見し、プリントアウトした状況を写真入りで弁護士作成の報告書としてまとめる。その他、若干の補足の主張・証拠を添えて、準備書面と証拠を提出した。

　第4回口頭弁論期日では、被告において当方書面に対する反論を行うこととなり、その準備期間は、相変わらず2カ月間となった。

　第5回口頭弁論期日の10日ほど前に被告から準備書面が提出されたが、反論としては、抽象的なものであった。これに対する再反論はもはや不要と判断し、Ｄ（亡夫Ａの弟）の証人尋問と原告の本人尋問の申請を事前に行って

おいた。

　第5回口頭弁論において、裁判長よりこれ以上の主張はないかが確認された。双方なしと回答する。続けて、裁判長は、被告に対し、人証としてBの証人尋問を申請するかを確認した。被告は、検討し、必要であれば次回期日までに証人申請すると回答し、期日を終えた。

　第6回口頭弁論期日までに被告から人証申請はなされなかった。同期日で、証人Dと原告本人が採用され、次回、尋問期日となった。

X
尋問期日から最終弁論期日まで

　尋問期日の当日、尋問が始まる数時間前に原告（X）とDに事務所に来てもらい、最終の証人テストを行う。Dは少々緊張しているようだが、原告（X）は、淡々としている。それはそうであろう。亡夫（A）との関係を淡々と聞いて、それに対してあるがままの事実を淡々と回答しているだけなのだから。

　尋問期日が始まった。Dに対する主尋問であるが、やはり緊張が解けないのか、質問の意味を取り違えて真逆の証言をしてしまったりということもあったが、修正の質問を繰り返してなんとか元に戻せた。反対尋問であるが、この間違えた箇所を盛んに追及してきた。ただ、Dが質問の意味を取り違えていたことは聴いていれば誰にもわかることだし、Dも落ち着いて、言い間違えだったと素直に認めているので、大きく崩れることはなかった。

　次に原告本人尋問。淡々と答える。当方が用意した尋問事項はつつがなく終了する。続いて反対尋問。原告（X）は、事実を淡々と答えているだけであるし、話の前後にも客観的証拠との矛盾もないので、攻め手にあぐねている感じを受ける。陳述書と主尋問供述の微妙なニュアンスの違い等を指摘したのみであっさり終わる。

　裁判官は、件のメールの記載内容を前提として、その前後の亡夫（A）の

言動等をかなり詳細に聴いていた。

尋問が終了し、次回期日で最終準備書面を双方提出して結審予定となった。

XI
判決言渡し

判決言渡期日を迎えた。当然出廷はしない。おそるおそる電話で判決内容を書記官に聴く。

「主文 厚生労働大臣が原告に対し、令和×年×月××日付けでした遺族厚生年金を支給しない旨の決定を取り消す。」

ほっとする。勝てるだろうと思っていたが無事勝訴判決であった。判決正本を受領し、判決理由を読んでみる。

要約は、以下のとおりである。結論としては、ごく常識に従った判断であったが、そこに至る事実の積み重ねと立証が極めて重要だと身に染みてわかった事件であった。

【書式15】 判決要旨（*Case* ⑤）

① 厚年法上の配偶者の意義

　いわゆる重婚的内縁関係にある場合においては、我が国が婚姻について法律婚主義を採用していることなどに照らし、原則として、戸籍上の配偶者が厚年法上の「配偶者」に当たるというべきである。

　しかし、被保険者等が戸籍上の配偶者を有する場合であっても、その婚姻関係が実体を失って形骸化し、かつ、その状態が固定化して近い将来解消される見込みのないとき、すなわち、事実上の離婚状態にある場合には、戸籍上の配偶者はもはや厚年法上の「配偶者」に該当せず、重婚的内縁関係にある者が厚年法上の「配偶者」に当たるというべきである。

② 判断枠組み

　厚年法の趣旨からすれば、被保険者等と戸籍上の配偶者との婚姻関係が上記のような事実上の離婚状態にあるか否かについては、別居の経緯、別居期

間、婚姻関係を維持ないし修復するための努力の有無、別居後における経済的依存の状況、別居後における婚姻当事者間の音信及び訪問の状況、重婚的内縁関係の固定性等を総合的に考慮すべきである。

③　認定基準の法的位置づけ

　なお、認定基準は、重婚的内縁関係にある場合において、届出による婚姻関係がその実体を全く失ったものとなっているか否かに関し、認定基準6の(1)①及び②の要件に該当することを必要不可欠とするが、上記②のとおり、事実上の離婚状態にあるか否かの判断は、婚姻関係が実体を失って形骸化し、その状態が固定化して近い将来解消される見込みがないかを婚姻当事者の生活実態に即して、様々な要素を総合的に考慮して判断すべきであることからすれば、認定基準の各要件を、重要性を有する考慮要素の一つとする限りでは合理性が認められるものの、それを超えてこれらを絶対的要件とすることは妥当でない。

　そもそも認定基準は行政機関内部において行政がよるべき一つの解釈を明らかにしたものにすぎず、厚年法上の「配偶者」に関する裁判所による法の解釈を何ら拘束するものではない。

④　亡Aと原告の事実上の婚姻関係

ⅰ　亡Aと原告は、同居の上、同一世帯で家計を同一にし、その同居期間は、亡Aの死亡まで約6年間に及ぶこと。

ⅱ　原告は、亡Aにその生計を依存していたと認められること。

ⅲ　原告は、亡Aが亡くなるまで看護をしたこと。

ⅳ　亡Aの親族からも原告は内縁の妻と認識され、原告は亡Aの姓を名乗っていたこと。

ⅴ　亡Aの遺言書で、原告は本当の妻とされ、配偶者の法定相続分である2分の1を残すと書かれていること。

　以上の事実からすれば、亡Aと原告との関係は、事実上婚姻関係と同様の事情にあったものというべきであって、その関係は安定的かつ固定的なものであったといえる。

⑤　亡AとBが事実上の離婚状態にあったこと

ⅰ　亡AとBは、1994年ころから険悪な関係となった。2001年以降は家庭内別居の状態になり、2012年以降は完全に別居し、亡Aは原告と同居生活を

するに至った。亡Aが死亡するまでの約6年間別居状態は解消されなかった。亡AとBの実質的な同居期間11年に比して、別居期間6年は比較的長期間と評価できる。

ⅱ　亡Aは、原告との同居を開始するにあたり、Bに対し、縁を切って原告と新しい生活を開始する旨を告げていること。以後、後に述べる500万円の送金までの間、亡AがBと連絡をもった形跡が窺われないこと。

ⅲ　Bに亡Aとの関係を修復しようとする努力はうかがわれず、却って、亡Aを非難し、離婚給付としての金銭要求をする態度に終始していること。

ⅳ　Bは亡Aと定期的に音信をもっていたかの上申書を提出しているが、その実態は上記ⅲのとおりであり、夫婦としての音信とは評価しがたいこと。

ⅴ　Bは生活費として亡Aより500万円を受領していた旨の上申書を提出しているが、亡Aのメールによれば、執拗なBからの金銭請求に対し、離婚給付とする意図で支払ったものであると認められること。

ⅵ　亡Aの遺言書で、Bとは清算済みであること、一切の相続をさせないようにして欲しいと書かれていること。

ⅶ　Bは、亡Aとは独立して生計を営んでおり、生計維持関係が存するとは認められないこと。

　　以上の事実からすれば、亡Aと原告との関係は、事実上婚姻関係と同様の事情にあったものというべきである。

⑥　結　論

　　上記④及び⑤の事情を総合すると、亡AとBの法律上の婚姻関係は、その実態を失って形骸化し、その状態が固定して近い将来解消される見込みがない状態に至っていたというほかはなく、事実上の離婚状態にあったといえる。

　　したがって、亡Aに係る遺族厚生年金を受けることができる配偶者に該当するのは、原告であり、その余の支給要件も満たしているので、当該年金の受給権を有する。

　　原告に対しこれを支給しないとした本件処分は違法である。

以上

第6章

調査に応じる義務がないこととの確認訴訟
——行政調査の争い方

I
事案の概要

〈**Case ⑥**〉

　社会福祉法人甲は、P県Y市において、P県知事より介護保険法86条に定める指定を受け、指定介護老人福祉施設（いわゆる特養老人ホーム）を運営している。

　令和X年10月3日、Y市から甲の下に「実地指導の実施について」（【書式15】）と題する書面が送付された。概要としては、令和X年10月30日に介護保険法23条に基づく調査（行政調査）を行う、という内容であった。

　甲としては、このような調査を受けるいわれはなく、義務もないと考え、調査には一切応じない方針である。この方針の下で、甲は、本件調査に対抗する法的手段を、令和X年10月9日、弁護士に依頼した。

【書式16】　行政調査の連絡文書

X介保Bい―〇第△号

令和X年10月2日

社会福祉法人甲

　　理事長　　　〇　　　様

Y市長　　〇〇　　〇〇

介護保険施設サービス等実地指導の実施について（通知）

　標記について、介護保険法第23条の規定により、実地指導を下記のとおり行いますので、管理者及び関係職員の出席についてご配意ください。

記

1　指導の根拠規定及び目的

　（目的）　介護給付対象サービスの質の確保及び保険給付の適正化を図ること

　（帳簿書類の提示等に係る根拠規定）介護保険法第23条

2　実施日時　令和X年10月30日　午前10時から午後5時まで

3　指導の対象となる介護保険施設等

　介護老人福祉施設　〇〇〇〇〇〇

4　実施場所　当該施設内

5　担当職員　〇〇　〇〇、△△　△△

Ⅱ
注視すべき点

〈*Case*⑥〉における、注視すべき点は、以下の５点が考えられる

① 　行政調査に処分性は認められるか

② 　違法な行政調査の争い方

③ 　実質的当事者訴訟としての確認訴訟における確認の利益

④ 　立法経緯の重要性

⑤ 　相手の主張の利用

Ⅲ
弁護士の直感

1　調査の違法性

【書式16】をみても、何のために調査を行うのか一向にわからない。その部分は裁量の闇に包まれるとしても、確実におかしい点が１点ある。

介護保険法23条は、市町村が行う調査について以下のとおり規定している。

〈介護保険法23条〉

市町村は、保険給付に関して必要があると認めるときは、当該保険給付を受ける者若しくは（中略）施設サービス（中略）を担当する者（中略）に対し、文書その他の物件の提出若しくは提示を求め、若しくは依頼し、又は当該職員に質問若しくは照会をさせることができる。

ポイントは、調査権の行使として認められているのは、文書、物件の提出、提示・職員の質問、照会のみである。施設内への立入調査を法は認めていない。

しかし、【書式16】の４項は、実施場所として「当該施設内」と明示し、

立入調査を前提にしている。本件調査の実施方法（効果）が介護保険法23条に違反していることは明らかで、この点のみからも違法な調査といえる。

違法な調査に応じる義務はない。

2　対抗手段

本件調査が違法だとして、これにどう対抗すべきか。

【書式16】に定められる行政調査実施日（10月30日）まであと３週間（21日）しかない。何はともあれ、迅速に処理を進める必要がある。当面は拙速でもかまわない。

本件調査に対抗する法的手段として、「仮の差止め」が効果に関しては最も適合性がある。しかし、行政調査は事実行為にすぎないと解される。これに処分性を認めるのは相当に困難であり、「処分」を対象とする仮の差止めは認められないことは確実である。同様に、本案として「差止めの訴え」を提起したとしても、「処分性」の問題もさることながら、調査実施日（10月30日）までに判決言渡しがなされることなど物理的にあり得ず、調査実施日が経過してしまえば、差止めの実益がなく、訴えの利益を欠くとして却下は

〔図25〕　差止めの訴え提起から第１回口頭弁論期日までの流れ（*Case*⑥）

←差し止めの訴え提起

←調査実施（10月30日）

←第１回口頭弁論期日

＊この時点ですでに調査は終わっており、差し止めるべき対象が存在しない。

▼ 時間の流れ

免れない。つまり提訴の実益がない。

　なかなかに厄介である。行政調査が行われた事後に、当該調査の違法性を国家賠償訴訟なり刑事訴訟で争うことはままみられるが、調査実施前にその効力を争う手法など検討したことすらなかった。

　そうかといって、調査期日を迎えたうえで、漫然と調査を拒み、調査拒否に対する各種制裁（不利益処分、刑事罰）の効力を争うというのではあまりに芸がなさすぎる。

　方策として見たことも聞いたこともなく、そのような訴訟が認められるかどうかすら怪しいが、調査実施日前に実質的当事者訴訟としての確認訴訟として、調査に応じる義務が存在しないことの確認を求める訴えを提起することが考えられる。

　調査を差し止める法的効力は全くないが、調査実施日前にＹ市に対し当該訴えの訴状が送達されることにより、係争中ということでＹ市が調査を延期するなり留保するなりするという現実的な効果は期待できる。

　また、甲の調査を受けないという方針は堅く、しからば、事後的に調査拒否、調査妨害等を理由とする各種制裁を受ける可能性があるが、その前提たる調査に応じる義務の有無を訴訟で争っている以上、その判断が確定するまで、各種制裁措置を行うことは現実的にはなかなかに難しく、牽制となる。

　調査に応じる義務が存在しないことの確認を求める訴えを、調査実施日前に訴状がＹ市に送達されるタイミングで提起し、送達と同時に念のためにＹ市に対し、訴訟係属中であるから調査を実施しないよう文書で通知することとする。

IV
法的検討

1　訴訟形態①──実質的当事者訴訟としての確認訴訟（調査に応じる義務がないことの確認）

⑴　請求の趣旨

【書式16】で示されている調査を特定し、当該調査に応じる義務がないことの確認を求める内容とすればよい。すなわち、「被告の、原告が運営する指定介護老人福祉施設○○に対する介護保険法23条に基づく実地指導（X介保Bい─○第△号）は違法であり原告が応じる義務がないことを確認する」とする。

⑵　実質的違法性

本件調査が違法であり、違法な行政調査には従う義務がない、というのが本件訴えの論理構造である。

本件調査の根拠規定は介護保険法23条である。以下、①要件上の違法性と②効果上の違法性に分けて検討する。

①要件上の違法性については、調査権限発動要件として、介護保険法23条が定めるのは「保険給付に必要があるとき」であり、効果としては既述のとおり、文書、物件の提出、提示・職員の質問、照会のみであり立入調査は認められない。

一般的に行政調査を認める規定は、「当該行政庁は必要と認めるときは、……」等と、要件について相当に広範な行政庁の裁量を認めて規定される傾向がある。しかし、介護保険法23条は、調査の発動要件として「保険給付に必要があるとき」に限定し、行政庁の裁量に一定の制限を課す規定となっている。このような介護保険法23条の規定ぶりからして、「保険給付に必要があるとき」の要件解釈としては、抽象的必要性では足りず、具体的事実に基づく調査の必要性が要求されていると解することができる。

【書式16】は、この保険給付の必要性要件に関して、「介護給付対象サービスの質の確保及び保険給付の適正化を図ること」と抽象的文言に終始し、何ら具体的事実関係を示していない。

調査権発動の要件を欠くものとして違法であるとの主張が可能である。

次に、②効果上の違法性については、既述のとおり、介護保険法23条は、調査の実施方法として立入調査を認めていない。

しかし、本件調査は、甲の施設内を調査の実施場所としており、立入調査を前提としていることは明らかである。そうであるとすれば、本件調査が介護保険法23条に定める調査権限を逸脱し、違法であるとの主張が可能である。

(3)　訴訟要件（確認の利益）

本件で確認の利益が認められるか大きな争点の１つであって問題点である。

確認の利益とは一般に、「公法上の法律関係の確認の訴えにおいて、確認の利益が認められるためには、行政の活動、作用等により、原告の有する権利又は法的地位に対する危険、不安が現に存し、これを行政過程がより進行した後の時点で事後的に争うより、現在、確認の訴えを認めることが当事者間の紛争の抜本的な解決に資し、有効適切といえることを要するものと解すべきである」（大阪地判平成20・12・25判タ1302号116頁）とされている。

本件では、本件調査に応じる義務の存否（違法性の存否）につき甲とＹ市間に法的主張の相違がある。この一事をもって、甲（原告）の有する法的地位（調査に応じる義務がない）に危険、不安は現存するとも考えられる。通常の民事訴訟であれば、当事者間に権利義務の争いがあれば即時確定の利益は肯定されるであろう。しかし、公法上の法律関係の確認の訴えにおいて、それのみで要件が認められるか微妙である。前掲大阪地判平成20・12・25がいうとおり、確認判決を得ることによって、当事者間の紛争の抜本的な解決に資するかどうかという視点が不可欠と考える。

当事者間に法的見解の相違があったとしても、問題となっている法的地位が何らかの具体的な効果を伴うものでなければ、ただの法律論争に裁定を下

すにすぎなくなり、「当事者間の紛争の抜本的な解決に資する」とはいえないであろう。本件に即し、より具体的にいえば、仮に、甲に本件調査に応じる義務が存在しこれに従わなかったとしてもその義務の不履行につき制裁規定が存在しなければ、現実的に甲が不利益を被ることはないのであり、義務の存否を確認したところで「当事者間の紛争の抜本的な解決に資する」とはいえない。

　本件調査に甲が応じなかったことにより、甲が一定の法的不利益を被る地位にあること、端的にいえば、本件調査拒否に対する制裁規定の存在が確認の利益を認めるうえで必要となる。

　そこで本件における制裁規定をみてみる。一般に調査拒否に対しては刑事罰の制裁規定が存在する。罰則規定があれば、確認の利益を認めさせるに過不足はない。しかし、介護保険法23条の調査拒否に対して、同法第14章以下（205条以下）の罰則規定をみても、罰則が規定されていない。

　しからば、刑事罰ではなく、調査拒否に対する制裁としての不利益行政処分の規定はないかと介護保険法を眺めていると、同法65条に、23条の規定に応じなかった場合は、介護給付等の全部または一部を行わないことができる、との規定があった。

　調査期日が切迫していることもあり、とりあえず、「介護保険法65条に制裁規定がある」ということで確認の利益を基礎づけることとする（なお、後に詳述するが、これは介護保険法65条の解釈を誤っていた）。

2　訴訟形態②——差止めの訴え（処分性）

(1)　実　益

　既述したとおり、本件において差止めの訴えは、第一義的には時間的問題から訴えの利益を欠く蓋然性が極めて高く、単体として行う実益はない。

　しかし、行政調査の実施前の争い方として、実質的当事者訴訟としての確認訴訟が認められなければ、後は、行政調査（次項で詳述する）に処分性を

認めさせ、差止めの訴訟なり処分取消訴訟なりで争うしか手法はなくなる。

　実益は極めて乏しいが、やれることは何でもやっておく、との考えで、予備的に差止めの訴えを併合提起しておくこととする。

　　(2)　処分性

　行政調査につき、調査に応じる義務の存否、強制力の有無、強制の態様という観点から分類されることもあるが（宇賀克也『行政法概説Ⅰ〔第6版〕』148～151頁）、調査という行為そのものの本質が継続性のない（即時に終了する）事実行為であることは疑いない。新たに義務を課したり権利を付与する法的効果を発生させるものではなく、調査行為そのものに処分性を認めるのは困難である（行政不服審査法47条は、事実行為も不服審査の対象となることを前提としているが、行政事件訴訟法3条2項にはそのような規定はなく、行政事件訴訟法にいう「処分その他公権力の行使に当たる行為」に事実行為は含まれないとされる）。

　しかし、【書式16】のように、具体的な日時・場所等の細目を定めて行政調査を実施することが事前に通知され、かつ、法令上当該行政調査に応ずべきことが義務付けられ罰則等の制裁規定がある場合はどうであろうか。

　当該通知は、純法学的には「観念の通知」と定義されることになると思われるが、実質的には、当該通知により一定の日時に調査に応ずべき義務が私人に課せられたと評価できるのであり、一連の手続を全体としてみれば、当該通知に処分性を肯定することができるとも考えられる。

3　訴　状

以上検討事項をベースに、【書式17】のとおり訴状を起案する。

【書式17】　訴状（*Case*⑥）

訴　　　状

令和X年10月13日

P地方裁判所　御中

　　　　　　　　原告訴訟代理人弁護士　　　　A

　　　　　　　　〒000-0000　P県Y市○町○丁目○番○号

　　　　　　　　原　　　　　告　　社会福祉法人甲

　　　　　　　　代 表 者 理 事　　乙

　　　　　　　　（送達場所）

　　　　　　　　〒000-0000　P県Z市○町○丁目○番○号

　　　　　　　　同訴訟代理人弁護士　　　　B

　　　　　　　　電話　000-0000-0000　fax 000-0000-0000

　　　　　　　　〒000-0000　P県Y市○町○丁目○番○号

　　　　　　　　被　　　　　告　　Y市

　　　　　　　　上 記 代 表 者 市 長　　Z

　　　　　　　　（処分をした行政庁）

　　　　　　　　Y　　市　　長　　Z

調査応諾義務不存在確認請求事件

　訴訟物の価額　金160万円（算定不能）

　貼用印紙額　金1万3000円

請求の趣旨

1　（主位的請求）

　被告の、原告が運営する指定介護老人福祉施設○○に対する介護保険法23条に基づく実地指導（X介保Bい―○第△号）は違法であり原告が応じる義務がないことを確認する。

2　（予備的請求）

　被告は、原告に対し、原告が運営する指定介護老人福祉施設○○に対し、介護保険法第23条に基づく実地指導（X介保Bい―○第△号）を行ってはならない。

3　訴訟費用は被告の負担とする。

との判決を求める。

請求の原因

第1　主位的請求（実質的当事者訴訟）

1　（当事者）

① 原告は、指定介護老人福祉施設○○の設置経営を主たる事業とする社会福祉法人である（甲1・履歴事項全部証明書）。

② ○○は、平成X年X月X日、介護保険法（以下「法」という。）48条1項、86条に基づき、P県知事から指定介護老人福祉施設の指定を受けた（甲2）。

2　（被告からの調査請求）

被告は、令和X年10月2日、X介保Bい—○第△号「介護保険施設サービス等実施指導の実施について（通知）」と題する書面により、同月30日、原告が運営する指定介護老人福祉施設○○に対する介護保険法23条に基づく「実地指導」を行う旨通知した（以下「本件調査」という。甲3）

3　（原告の調査応諾義務の不存在）

① （結論）

本件調査は、以下に述べるとおり違法であり、実施してはならないものである。

原告には本件調査に応じる義務はない。

② （違法事由1—要件欠如）

介護保険法23条は、「市町村は、保険給付に関して必要があると認めるときは（中略）文書その他の物件の提出若しくは提示を求め、若しくは依頼し、又は当該職員に質問若しくは照会させることができる」と定める。

同条は、講学上の行政調査に分類される行政作用の規定である。

行政調査には、行政庁の裁量に委ねざるを得ない部分が多いことは事実であるが、その性質上（私人の自由に対する侵害的要素を含む上、犯罪捜査と密接に関連がある）、自由裁量が認められるものではない。介護保険法23条は、権限行使の要件として、「保険給付に関して必要があるとき」と定めており、調査権限を行使するか否かの要件に関し、文言上、講学上の法規裁量に該当するものである。

　　すなわち、保険給付に関して、文書の提示等の調査を必要とする客観的事実が存在して初めて、調査権限を行使しうるところ、原告は、本件提訴に至るまで、（介護）保険給付に関してなんら問題を生じたことはなく、あるいは被告（行政庁）から保険給付に問題があるとの指摘を受けたこともない。このことは、甲3号証における調査目的として単に「保険給付の適正化を図ること」と一般的抽象的な事項しか記載されておらず、具体的に保険給付に関して原告になにがしかの問題があった等の事実は一切記載されていないことから明らかである。

　　本件調査に関して、「保険給付に関して必要があるとき」とは到底認められないのであり、本件調査は、介護保険法23条の要件を欠き違法である。

③　（違法事由2─効果における権限逸脱）

　　介護保険法23条が認める調査（効果）は、「文書その他の物件の提出若しくは提示を求め、若しくは依頼し、又は当該職員に質問若しくは照会させること」のみであり、施設への立ち入り調査権を認めていない。

　　しかし、本件調査は、実施場所として「○○施設内部」と記載されており（甲3）、明らかに施設内への立ち入り調査を要求している。本件調査が、法に定める調査権限を逸脱した違法なものであることは明白である。

④　（まとめ）

　　以上のとおり、本件調査には、上記違法事由があり到底正当な調査と言えないことは明らかである。

4　（確認の利益）

　　被告は、本件調査の実施を通知しており、令和X年10月30日には、被告による本件調査が実施されるものと考えられるが、原告は、上記したとおり、本件調査は違法であり、応じる義務はないものと確信し、これを拒否する。

　　しかし、いかに本件調査が違法であったとしても、原告がこれを拒めば、形式的に「正当な理由なくこれを拒んだ」として、介護保険法65条により介護給付等の全部又は一部を行わないことにする等の不利益処分（筆者注：後に詳述するが、これは介護保険法65条の解釈を誤っている）がなされる蓋然性が高い。

　　原告には即時確定の利益がある。

5　（まとめ）

　よって、原告は、実質的当事者訴訟としての法律関係確認の訴えとして、請求の趣旨記載の判決を求める。

第2　予備的請求（差止めの訴え）

1　（当事者、本件調査の実施、本件調査の違法性）

　第1、1乃至3を援用する。

2　（処分性）

　本件調査（介護保険法23条）は事実行為ではあるが、介護保険法65条が調査を拒んだ場合の制裁としての不利益処分（介護給付等の全部又は一部を行わないこと）を規定しており、本件調査は、その対象者に対し、調査応諾義務を課すものであり、法律に基づき私人に新たな義務を課すものである。

　従って、行政事件訴訟法37条の4第1項に定める「一定の処分」に該当する。

3　（重大な損害を生ずるおそれ）

　被告は、本件調査の実施を通知しており、令和X年10月30日には、被告による本件調査が実施されるものと考えられるが、原告は、上記したとおり、本件調査は違法であり、応じる義務はないものと確信し、これを拒否する。

　しかし、いかに本件調査が違法であったとしても、原告がこれを拒めば、形式的に「正当な理由なくこれを拒んだ」として、介護保険法65条により介護給付等の全部又は一部を行わないことにする等の不利益処分がなされる蓋然性が高い。

　一般に、指定介護老人福祉施設（いわゆる特養老人ホーム）の収入は、介護給付等に依拠しており、介護給付等が行われなくなった場合、原告の資金繰りは極度に悪化し、場合によっては施設の閉鎖という重大な損害を生ずるおそれがある。

4　（まとめ）

　よって、原告は、行政事件訴訟法37条の4の差し止めの訴えとして、請求の趣旨2記載の判決を求める。

証拠方法

甲1　履歴事項全部証明書
甲2　指定書

```
甲3　通知書（X介保Bい―○第△号）

　　　　　　　　　　　添付書類

　1　甲号証写し　各1通
　2　資格証明書　1通
　3　訴訟委任状　1通

　　　　　　　　　　　　　　　　　　　　　　　　以上
```

V
訴訟提起前後の経過

　訴え提起後、被告への訴状送達に10日間かかると想定すると、調査実施日である10月30日以前に被告への送達を終わらせるためには、10月20日以前に訴訟提起する必要がある。訴訟提起を郵送で行うので、その郵便日数も鑑みれば、10月15日以前には発送を終えていないと時間的に間に合わなくなる。

　拙速でもやむ得ないとの判断の下に、10月12日には起案を終え、翌日付けで提訴（郵送）する。

　3日後、受訴裁判所に確認したところ、訴状が受理されたとのことであった。

　書記官に、「事案が事案なので、早急に第1回口頭弁論期日を入れてもらいたい」旨を依頼する。

　訴状が受理され一応訴訟が係属したため、Y市に対し「本件調査に応ずる義務の存否確認訴訟を提起し、訴訟が係属したことから、本件調査は当該訴訟の判決確定まで延期されたい」旨の要請文書を送付する。

　第1回口頭弁論期日が指定告知される。11月30日であった。予備的請求は確実に無意味なものとなった。

　その後、調査実施日である10月30日を迎えた。Y市の職員は調査に赴いたものの、甲の職員から訴訟係属中であり調査は受け入れられない旨告げられ

るとあっさり帰っていったとのことであった。

Ⅵ
第1回口頭弁論期日まで

　答弁書提出期限最終日に被告より答弁書が提出され、第1回口頭弁論期日が開かれる。答弁書に対し、次回当方が反論することとし、1期日続行で当該期日を終える。

　答弁書における被告主張の要旨は以下のとおり。

①　本案前の答弁

　ⓐ　本件調査は、市町村の指導であって事実行為であり、予備的請求にいう「処分」ではない。

　ⓑ　調査実施日はすでに経過し、差止めの実益がない。予備的請求は訴えの利益を欠く。

　ⓒ　介護保険法65条は、「介護給付等を受ける者」を対象としているところ、「介護給付等を受ける者」とは、被保険者（施設の入所者や利用者）をいい、原告のようなサービス事業者を含まない。

　　　本件調査違反に制裁規定は存在せず、主位的請求に関して確認の利益は存在しない。

②　本案の答弁

　　本件調査は、原告の施設に関し、不適切な介護が行われているとの匿名通報があったため、その事実確認を行うことを目的としている。

　　平成11年厚生省令39号33条3項は、「（事業者は）提供した指定介護福祉施設サービスに関し、法第23条の規定による市町村が行う文書その他の物件の提出若しくは提示の求め又は当該市町村の職員からの質問若しくは照会に応じ、入所者からの苦情に関して市町村が行う調査に協力するとともに、市町村から指導又は助言を受けた場合は、当該指導又は助言に従って必要な改善を行わなければならない」と規定しており、介護

　　保険法23条の「保険給付に関して必要があると認めるとき」には、事業
　　者が提供した介護サービスに関する事項も含むのであって、介護サービ
　　スが適切に行われているか否かも当然含まれる。
　前記①の⑧、ⓑは、予備的請求（差止めの訴え）に関する主張であって、
訴えの利益を欠く状態となっては、争点とする価値もなく無視する。
　問題は本丸であるところの確認訴訟であるが、①ⓒは正直痛い。
　介護保険に関する大まかな体系は〔図26〕のとおりである。概念的には医
療保険とほぼ同様のシステムである。
　確かに被告の主張するとおり、介護保険法65条は、「市町村は、<u>介護給付</u>
<u>等を受ける者</u>が、正当な理由なしに、第23条の規定による求め（中略）に応
ぜず、又は答弁を拒んだときは、介護給付等の全部又は一部を行わないこと
ができる」（下線は筆者）と規定している。被保険者である利用者は、原告の
ような事業者と利用契約を締結し、各種サービスを受け、その利用料金のう
ち一定割合を保険者である市町村が介護保険として給付する。この給付は、
現実には事業者に支払われるのであるが、介護給付を受けうる法的地位を有
するのはあくまで被保険者である利用者であって、原告のような事業者を
「介護給付等を受ける者」と解することはさすがに無理がある。被告の主張
は正当である。

〔図26〕　**介護保険の体系**

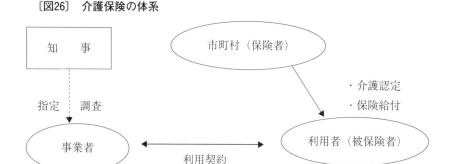

　そうであるとすれば、本件調査違反に対して、原告には何ら法的な不利益は発生しないこととなり、本件調査は、法的拘束力を有しない単なる「指導」ということになる。指導であれば法的義務は存在しないことは明々白々であるが、同時に確認の利益が認められるか微妙である。裁判官としては、難しい行政実定法の違法性判断をするよりも訴訟要件を欠くとして却下判決を下すほうがはるかに楽であり、訴訟要件の存在に関して徹底的に主張・立証する必要があるが、さて、どうしたものか。

　本案の答弁における平成11年厚生省令39号の存在も頭が痛い。

　確かに被告の主張するとおりのことが規定されており、当該省令を前提とすれば、介護保険法23条が規定する「保険給付に関して必要がある場合」には、事業者が提供したサービスの内容も包含すると解することができる。

　旧厚生省令39号は、介護保険法によって授権された命令ではなく、一般解釈規定にすぎないのであるが、裁判官の心証に与える影響は甚大であると考えなければならない。被告の主張にひっぱられれば、要件上の違法性は認定されないおそれも多分に存在する。

　どのように反論を組み立てるか、良い考えが浮かばず若干諦めの心持ちとなる。

　何度か答弁書を読み、介護保険法を眺めているうちに自分の盲点に気づく。介護保険法90条の調査権である。

　〔図26〕のとおり、介護保険法において、事業者（指定介護老人福祉施設等）に対する「指定」権限は都道府県知事に存し監督権限を有する。監督権限の一環として、同法90条により都道府県知事に包括的な調査権が認められていることは当然知っていたが、都道府県知事にのみ認められる権限であると思い込んでいた。しかし条文をよく読めば、「都道府県知事又は市町村長は、……」と規定されており市町村長も調査権の主体となりうる。そして、同法90条は、調査権の発動要件として「必要があると認めるときは」と広範な裁量を認めるとともにその効果として立入調査をも認めている。

〈表14〉　介護保険法における市町村（その長）の調査権

根拠条文	要　　件	立入調査
23条の調査権	保険給付に必要があるとき	×
90条の調査権	必要があるとき	○

〔図27〕　介護保険法90条調査権と23条調査権の関係

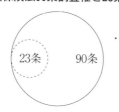

　つまり、市町村（その長）には、〈表14〉の2個の調査権が認められている。

　その要件および効果につき、90条調査権が23条調査権を包含している（〔図27〕）。

　さらに、90条調査権の権限者が「市町村長」と規定され首長の権限であるのに対し、23条調査権の権限者は「市町村」と規定され、行政主体が権限者となっている規定ぶりである。23条調査権は、市町村の権限（事務）の範囲で調査権を認める趣旨と考えるのが相当である。介護保険法において認められる市町村の権限（事務）は、保険給付に関連する事務であって（同法19条、48条）、これに限定される。同法23条が、「保険給付に関して必要があると認めるとき」と要件を限定しているのはまさにこの趣旨である。

　そうであれば、介護保険法23条の調査権の発動要件たる「保険給付に必要があるとき」とは、限定的に解するべきである。

　ここで答弁書における被告の主張を利用できることに気づく。

　被告は、介護保険法65条につき、「『介護給付等を受ける者』とは、被保険

者（施設の入所者や利用者）をいい、原告のようなサービス事業者を含まない」と主張し、解釈論としてそのとおりである。逆にいえば、被保険者が同法23条の調査違反を行った場合は保険給付の全部または一部を行わないという制裁規定があるにもかかわらず、23条で調査対象である事業者に制裁規定がないということは、23条の調査権は、被保険者（利用者）の不正な保険受給防止のための制度にすぎない。事業者が調査の対象に含まれるのは、税務調査におけるいわゆる反面調査としての意味しか有さないのであり、事業者の行うサービス提供の適否等の調査は、23条の対象ではない。そのように解したとしても、市町村長には90条で包括的調査権が認められているのであろうから公益上全く問題ない。

　平成11年厚生省令39号33条 3 項の規定は、法律の趣旨に反する違法無効なものにすぎない。

　要件論に関しては、この主張に十分な説得力があると感じる。

　最大の問題は、確認の利益＝介護保険法23条の調査違反につき法的な制裁規定が存在するかである。

　介護保険法23条違反に直接言及する規定は、同法65条しかみあたらなかった。しかし、同法90条調査権が市町村長に認められていることに気づいたことから、それを手がかりに何でもいいから制裁的規定がないかと介護保険法を調べる。

　介護保険法90条調査違反に関して、同法92条 1 項 8 号により、都道府県知事は、指定介護老人福祉施設の「指定」の取消しや効力の停止をすることができる（同法92条 1 項本文）。

〈介護保険法92条 1 項〉

　都道府県知事は、次の各号のいずれかに該当する場合においては、当該指定介護老人福祉施設に係る第48条第 1 項第 1 号の指定を取り消し、又は期間を定めてその指定の全部若しくは一部の効力を停止することが

できる。

一～六　（略）

七　指定介護老人福祉施設が、第90条第1項の規定により報告又は帳簿
　　書類の提出若しくは提示を命ぜられてこれに従わず、又は虚偽の報告
　　をしたとき。

八　指定介護老人福祉施設の開設者又はその長若しくは従業者が、第90
　　条第1項の規定により出頭を求められてこれに応ぜず、同項の規定に
　　よる質問に対して答弁せず、若しくは虚偽の答弁をし、又は同項の規
　　定による検査を拒み、妨げ、若しくは忌避したとき。ただし、当該指
　　定介護老人福祉施設の従業者がその行為をした場合において、その行
　　為を防止するため、当該指定介護老人福祉施設の開設者又はその長が
　　相当の注意及び監督を尽くしたときを除く。

九　指定介護老人福祉施設の開設者が、不正の手段により第48条第1項
　　第1号の指定を受けたとき。

十　前各号に掲げる場合のほか、指定介護老人福祉施設の開設者が、こ
　　の法律その他国民の保健医療若しくは福祉に関する法律で政令で定め
　　るもの又はこれらの法律に基づく命令若しくは処分に違反したとき。

十一～十二　（略）

　そこで介護保険法92条を仔細に読んでみると、同条1項10号があった。前
記のとおり規定している。

　介護保険法23条に基づく調査に応じない場合とは、この法律（介護保険法）
または介護保険法に基づく命令に違反したときに該当する。この場合、都道
府県知事は、「指定」の取消しまたは停止という制裁措置をとることができ
る。

　被告であるY市自身は、介護保険法23条違反を理由に甲に対して制裁手段
をとることはできないが、監督官庁たるP県知事は、23条違反を理由に甲に

対し、不利益処分を行うことが可能となる。

　もちろんＰ県知事がその権限を行使するかしないかは裁量の範囲であるが、不利益処分発動要件（介護保険法23条違反）が存在する以上、甲は、いつ不利益処分を受けるかわからない法的地位に立たされ続ける。この法的に不安定な地位を抜本的に除去するためには、現在において不利益処分発動要件＝介護保険法23条違反が存在しないこと、すなわち、同条の調査に原告が応じる義務がないことの確認を求めるのが便宜である。そして本件では、当事者訴訟の確認判決にいわゆる拘束力が認められるのであり（行訴41条１項、33条１項）、訴外ではあるものの、関係行政庁であるＰ県知事をも拘束する。

　本件確認の訴えは、紛争の抜本的な解決に資し、有効適切といえる。

Ⅶ
第２回口頭弁論期日〜第３回口頭弁論日まで

　反論書面の構成、起案に時間がかかってしまい、弁論期日ギリギリとなってしまったが、前項で検討した内容を原告準備書面１としてまとめ、提出する。

　本件事件は、事実関係に争いがなく、純粋に法律の解釈論が争点となる事件である。したがって、今期日で結審するであろうと予想する。

　弁論期日において、以下のとおりのやりとりがあった。

裁　判　長「原告から準備書面１が出ました。弁論を続行します。原告代理人におうかがいしますが、予備的請求（差止請求）に関して、取り下げますか？」

原告代理人「10月30日が過ぎてしまいましたから、現状では意味がなくなりましたが、取下げは致しません」

裁　判　長「わかりました。被告は、反論しますね？」

被告代理人「反論させていただきます」

今期日で結審とせず１期日続行となった。意外であったが、却下判決とな

るのであれば続行する必要もなく、判決内容に若干期待がもてる。

　第3回口頭弁論期日の1週間前に被告から反論書面として被告準備書面1が提出される。

　その主張を要約すれば、

①　介護保険法23条の調査は指導であって、同法92条1項10号にいう「命令若しくは処分」ではなく、その違反に対する法的効果はない。確認の利益はない。

②　原告の主張するとおり介護保険法65条が介護給付等を受ける者に対する不利益規定を定めていることから、同法23条の調査の趣旨の1つとして被保険者による不正受給の防止にあることは間違いないが、適正な給付が行われているかという観点からは、サービス事業者のサービス提供の態様についての調査も含まれる。

③　調査実施の場所として、○○施設内としたのは、質問や報告聴取を施設内で行うことを予定しただけで、立入りを求めたものではない。

　牽強付会（こじつけ）的な主張が多いと感じる。

　前記①に関して、被告は調査に応じる義務があると主張しており、私人に義務を課す公権力の意思表示を命令というのであって、自己矛盾してしまっている。

　前記②に関して、被告主張は解釈論として厳しいであろう。しかし要件についても一定の裁量性が認められ、かつ、平成11年厚生省令39号という嫌な省令もあり、裁量の範囲内ということで主張が認められるおそれがある。

　さらに駄目押しで、介護保険法23条の調査は、不正受給防止の趣旨に限定されるとの法的根拠を示したいところである。

　前記③に関して、これはもうこじつけ以外の何ものでもないだろう。質問や報告聴取は、役所に職員を呼び出してもできるし、文書のやりとりでもできる。施設内で行う必要はなく、施設内で行うためには施設管理者の意思に反して中に入る必要があるのであるから。

　反論書面としては、前記の内容をまとめれば十分である。

　しかし、駄目押しで、介護保険法23条調査の調査対象を限定する解釈論を
さらに後押しする武器（法的根拠）はないか、いろいろと考えてみることと
するが、次回期日まであと1週間しかない。これ以上訴訟を引き延ばしたく
ないので、次回期日までに何とか準備書面を提出したい。

　また、23条調査と90条調査について再度検討してみる。

　〔図27〕のとおり、90条調査は23条調査を包含しており、その意味でオー
ルマイティである。90条調査があれば、あえて23条調査を認める必要はない
はずである。

　ここで、逆の発想に思い至る。今まで23条も90条も同時に公布施行された
ものであるとの無意識の前提があったが、介護保険法90条は、法改正によっ
て後から追加されたものではないかという疑念である。手元に平成15年度版
の六法があったので、問題の介護保険法90条を読んでみると、正解だった。
当時の介護保険法90条は、調査権限を都道府県知事にしか認めていない。市
町村長には90条調査権は認められておらず、90条は、都道府県知事（監督官
庁）、23条は、市町村（保険者）という仕分けであった。

　さらに詳細に調べると、市町村長に介護保険法90条に定める調査権および
立入調査が認められるに至ったのは、平成18年4月1日施行の平成17年法77
号による法改正（以下、「平成17年法改正」という）によってであった。

　平成17年法改正まで市町村長にはサービス事業者に対する調査権は認めら
れておらず、介護保険法23条の規定が存在するのみであった。しかし、市町
村の保険者機能の強化の観点から、平成17年法改正により、市町村長にもサ
ービス事業者に対する調査権限および立入権限が付与されたものである。

　この立法経緯からすれば、市町村の保険者の権限を強化すべく、平成17年
法改正で市町村長に90条の調査権限が認められたのであって、これはとりも
なおさず介護保険法23条が被保険者の不正受給等を調査するための反面調査
としてしか事業者に対する調査を認めていないことの証左となる。

　被告が主張するように、「サービス事業者による適切なサービスが提供されているか」ということも介護保険法23条で可能であるということであるならば、平成17年法改正によりあえて同法90条により、包括的な調査権限を市町村長に認める必要は全くない。同法23条ですべてカバーしうるからである。

　しかし、現実に平成17年法改正により市町村長に90条による調査が認められるに至ったのであり、この改正の趣旨、経緯からして、被告のように要件を拡大解釈することは失当である。23条調査は不正受給等の保険給付に関する調査に限定されるものである。

　頭の痛い平成11年厚生省令39号であるが、この政令が制定されたのは平成17年法改正以前の平成11年3月31日であった。同33条は、平成17年法改正以前には市町村に介護保険法23条の調査権しかなかったことからの窮余の策として規定されたものである可能性が高い。その後、同法90条が改正されたことから現在は死文化した条文と解釈できる。おそらく改正を備忘したものであろう。そのように解さなければ、同省令は、法律の授権の範囲を超えた違法無効なものとなる。

Ⅷ
第3回口頭弁論期日

　被告準備書面1（前記①～③）への反論と、駄目押しの立法経緯に関する主張を拙速にまとめ、第3回口頭弁論期日の2日前に何とか提出する。

　これで次回結審であろう。

　第3回口頭弁論期日でのやりとりは、以下のとおりであった。

裁　判　長「原告代理人におうかがいしますが、請求の趣旨の第1項（主位的請求）に関して、『……違法であり、……応じる義務がない事を確認する』とありますが、ここでいう『違法であり』というのは、『応じる義務がない』ことの理由ですね」

原告代理人「おっしゃるとおりです」

裁　判　長「そうであれば、この請求の趣旨ですが、『違法であり』をは
　　　　　　ずし、『原告が実地指導に応じる義務がないことを確認する』
　　　　　　に修正いただけますか？」

原告代理人「了解です。この場で口頭で修正致しますので調書に記載くだ
　　　　　　さい」

裁　判　長「双方何かございますか？」

原告代理人「ございません。結審いただければと思います」

被告代理人「同じく、当方も主張としては今までのとおりです」

裁　判　長「わかりました。裁判所としては、内容をさらによく検討した
　　　　　　いので1回続行します」

被告代理人「（他の代理人と小声で確認しながら）それであれば、今回原告
　　　　　　から介護保険法改正に関する主張も出ていますので、当方の
　　　　　　主張は今までと同じですが、主張を整理した書面を提出した
　　　　　　いと思います」

　裁判長から請求の趣旨の訂正を求められた。却下あるいは棄却するのであ
れば請求の趣旨がどんな内容であろうと全く関係ないのであり、「勝たせて
もらえるのかな？」との期待がふくらむ。ただ、慎重に検討したいとのこと
で弁論期日が1回続行されている。あまり楽観することも危険であり、さら
にやれることは何でもやっておこうと考える。

IX
第4回口頭弁論期日（弁論終結）

　期日の4日前に被告から被告準備書面2と書証が提出される。

　その内容であるが、今度は、厚生労働省の「介護保険施設実施マニュア
ル・平成22年3月改訂版」を提出してきた。これは、平成17年改正法に関し、
介護保険法23条および90条調査の運用方法等の指針を示した一種の通達と考
えられる。

　被告の主張によれば、平成17年改正の趣旨は、同マニュアルにあるとおり、23条調査は実地指導、90条調査は監査と区分けすることにあり、実地指導は介護保険法23条で幅広くできる、という趣旨である。

　同マニュアルは、講学上の通達にすぎず、対外的に効力を有するものではない。次回期日まであと4日しかなく、その点だけでも指摘しておくか、とも考えるが、次回結審予定であり、やれることはやっておこうと考えを改める。

　とりあえず証拠として提出された「介護保険施設実施マニュアル」を読んでみると、「指導は制度管理の適正化とよりよいケアの実現」「監査は不正請求や指定基準違反に対する機動的な実施」とまず仕分けされる。

　そして、実地指導の主な内容として「運営指導」と「報酬請求指導」とに分けられ、運営指導としては、「高齢者虐待防止、身体拘束禁止等の観点から、虐待や身体拘束に係る為及びそれらが与える影響についての理解、防止のための取り組みの推進について指導」「利用者毎のニーズに応じたケアプランの作成からケアプランに基づサービス提供、計画の見直しまでを含む一連のケアマネジメントプロセス（以下、『一連のケアマネジメントプロセス』という。）の重要性について理解を求めるためのヒアリングを行い、生活支援のためのアセスメントとケアプランの作成等が適切に行われ、個別ケアの推進について『運営指導マニュアル』を用いて運営上の指導を実施」がその内容とされている。

　一方、監査に関しては、「『監査』は、入手した各種情報により人員、設備及び運営基準等の指定基準違反や不正請求が認められる場合、又はその疑いがあると認められる場合に実施。

・通報・苦情・相談等に基づく情報
・国保連、地域包括支援センター等へ寄せられる苦情
・国保連・保険者からの通報情報
・介護給付費適正化システムの分析から特異傾向を示す事業者

　・介護サービス情報の公表制度に係る報告拒否等に関する情報」とされて
　　いる。

　何のことはない、通報、苦情、相談等に基づく情報の場合は、同マニュア
ルによっても「監査（90条）」に該当するのである。

　本件調査を実施すべき理由として、被告は、匿名通報による不適切な介護
実態の調査を主張している。「実地指導（23条）」ではなく「監査（90条）」に
該当するケースであって、同マニュアルによっても23条調査は違法である。

　被告は墓穴を掘った気がする。

　被告準備書面２と提出された証拠（マニュアル）を逆手にとって、前記の
趣旨を準備書面にまとめ、次回期日の２日前になってしまったが提出する。

　第４回口頭弁論期日、結審する旨の確認と判決言渡期日を決めて終わる。
判決言渡期日は３カ月後が指定された。

Ｘ
判　決

　勝訴した。被告は控訴を断念し、判決は確定した。

　判決概要は【書式18】のとおり。判決が言い渡されてしまえば、あたり前
のことをあたり前に判断しており、結果論としては、勝つべくして勝った事
案であったのであろう。

【書式18】　判決一部抜粋（*Case⑥*）

```
1　主位的請求について
　(1)　争点(1)について
　一般に、確認の訴えの利益は、原告の権利又は法的地位に危険、不安が現に
存し、その危険、不安を除去するために確認の訴えが必要かつ適切な手段とい
える場合に認められると解すべきであるが、公法上の法律関係の確認の訴えに
ついては、後に予想される不利益処分等の予防的不作為訴訟という側面もある
```

ため、後に不利益処分等がされるのを待ってその適否を争わせることが適当というべき場合もあり、また、一定の不利益処分の予防については、処分の差止めの訴えが法定されていることに照らせば、公法上の法律関係の確認の訴えにおいて、確認の利益が認められるためには、行政の活動、作用等により、原告の有する権利又は法的地位に対する危険、不安が現に存し、これを後の時点で事後的に争うより、現在、確認の訴えを認めることが当事者間の紛争の抜本的な解決に資し、有効適切といえることを要するものと解すべきである。

　これを本件についてみるに、被告は、既に本件実地指導を行う旨原告に通知しており、本件実地指導が介護保険法23条を根拠とするものであり、原告にはこれに応じる法的義務がある旨主張しているところ、原告は、本件実地指導が違法であるなどとしてこれに応じる義務がないことを争っているのであるから、このような両当事者の主張を前提とすれば、原告には、本件実地指導に応ずるべき法的義務を課されるという法的地位についての危険、不安が現に存在するといえる。また、被告が主張するように、原告に介護保険法23条を根拠とする本件実地指導に応ずるべき法的義務があるとすると、被告が原告に対して本件実地指導を行う旨通知したことは、被告が原告に対して介護保険法23条に基づく命令を行ったことになるというべきであるから、原告には、本件実地指導に応ずることを拒絶したことにより、同法92条1項10号によって介護福祉施設の指定の取消等を受ける可能性があるといえ、上記取消等によって原告が受ける不利益の程度及び上記取消等について都道府県知事の行為裁量性があり原告が不安定な状況におかれることからすれば、上記取消等が行われた時点で事後的に争うより、現在、本件実地指導に応ずべき義務についての確認の訴えを認めることが当事者間の紛争の抜本的な解決に資し、有効適切といえるというべきである。したがって、本件主位的請求には、公法上の法律関係の確認の訴えとしての確認の利益が認められ、適法な訴えである。

　⑵　争点について⑵

　介護保険法23条は、保険給付に関して必要があると認めるときに、被保険者若しくはサービス事業者に対し、文書その他の物件の提出若しくは提示を求め、若しくは依頼し、又は当該職員に質問若しくは照会をさせることができると規定しており、同法65条が、介護給付等を受ける者が同法23条に基づく調査に応じなかった場合の当該介護給付等を受ける者に対する制裁を規定する反面、施

設サービスを担当するものについて特段の規定を置いていないことからすると、同法23条に基づく調査は、被保険者の介護保険の不正受給等といった、専ら被保険者の保険受給状況についての調査であると考えるべきである。そして、同法48条1項が、被保険者が都道府県知事から指定を受けた介護福祉施設により行われるサービスを受けた場合に、当該被保険者に対する介護保険支給額の限度で当該施設に当該サービスに要した費用について支払うことができるとしていることからすれば、サービス事業者は、被保険者の保険受給状況に関し、同法23条に基づく調査に応ずべき義務があるというべきである。しかしながら、同条が調査方法について同条に定めるほかに政令等に委任を行っていないことからすれば、市町村は、同条に定める調査方法及びこれと同視できる調査方法以外の方法で同条に基づく調査を行うことはできないと解すべきである。

　これを本件についてみるに、被告は、本件実地指導が同条に定める文書等の提示や職員への質問を施設内で行うことを予定していたにすぎない旨主張するが、本件通知の内容が「○○施設」において「実地指導」を行うとなっていることからすれば、被告が○○施設の立入調査を行った上で実地指導を行うことを予定していたというべきである。そうすると、上記で検討したとおり、同法23条に基づく調査の方法として同条に定める方法及びこれと同視できる調査方法以外の方法で実施することはできないというべきであるから、本件実地指導は、同法23条に基づく調査としては、調査の方法を逸脱するものであり違法であるといわざるを得ない。また、後記のとおり、厚生省令第39号33条3項は、その文言にかかわらず、指定介護老人福祉施設に対してその入所者等から保険受給に関する苦情が行われた場合に、市町村長が当該施設に対して行政指導としての指導及び助言を行うことができることを明確化したものと解すべきであり、本件実地指導も、このような行政指導であると解する余地があるものの、そのように解したとしても、行政指導とは、あくまでも相手方の任意の協力によってのみ実現されるものであるから（行政手続法32条1項参照）、原告にはこれに応ずる義務は存在しない。

　これに対し、被告は、平成11年厚生省令第39号33条3項が、介護保険法第23条に基づいて指定介護老人福祉施設の苦情に関する調査、指導及び助言を行うことができる旨明確化しており、同条の趣旨からしてサービス事業者にはこれに応ずるべき法的義務がある旨主張する。しかし、介護保険法90条1項におい

て、市町村長に、単に「必要があるとき」という同法23条と比較してより緩やかな要件で、指定介護老人福祉施設の運営に関して立入調査を含むより広範な調査権を付与していることに照らせば、同法23条が、市町村長に、被保険者の保険受給についての調査を超えて同条が規定する方法及びこれと同視すべき方法以外の方法による調査権を付与し、サービス事業者にこれに応じる義務を課していると解することはできず、平成11年厚生省令第39号33条3項は、その文言にかかわらず、サービス事業者に対して、被保険者の保険受給状況について介護保険法23条所定の方法による調査に応ずべき義務があることを明らかにするとともに、被保険者の保険受給に関する指定介護老人福祉施設への苦情等について行政指導としての指導又は助言を行えることを明確化したものと解すべきであるから、被告の上記主張は採用できない。

2　以上からすれば、原告には、本件実地指導に応ずるべき義務は存在せず、原告の予備的請求について判断するまでもなく、原告の請求に理由があるからこれを容認することとし、主文のとおり判決する。

以上

●事項索引●

【数字】

1 号法受託事務　21
2 号法受託事務　21

【あ行】

青地　124
一機構としての行為　89
一般廃棄物　42
一般廃棄物処理施設設置許可証　47
違法性の承継　139,155
遺族基礎年金　192
遺族厚生年金　193
営業停止処分　164

【か行】

蓋然性要件　167
ガイドライン　63
確認の利益　59,241
仮の差止め　159,238
　　──の要件　168
環境保全協定　43
管理型最終処分場　42
関連請求　91
機関委任事務　35
規制的行政契約　50
義務付けの訴え　8
客観的併合　91
求釈明申立書　149
行政計画の処分性　134
行政事件の件数　2
行政処分　8
行政調査　243
拒否処分　85
契約説　57
公害防止協定　44
講学上の行政行為　8
講学上の認可　81
効果裁量　164

公告　124
甲種農地　104,126
公序良俗　70
公序良俗違反　67
拘束力　255
公定力　8
公表　171
公法上の法律関係確認訴訟　14,58,142
厚生年金　191
国民年金　191

【さ行】

裁決の取消しの訴え　8
再審査請求　190,205
作為義務　118
差止めの訴え　8,238
　　──の要件　167,168
産業廃棄物　42
事実婚（内縁）　194
事実婚関係　197
事前協議　13
自治事務　21
執行停止　170
指導要綱　63
社会保険審査会　190
社会保険審査官　190
釈明処分の特則　32,141,221
自由選択主義　19
重婚的内縁　195,198
重大な損害　169
主張・立証責任　216
　　──の分配　212
出訴期間　189
省令　27
条例による事務処理の特則　21
処分性　86,135,238
　　──が疑われる行政の行為　93
処分取消訴訟の訴訟物　212
処分の違法一般　213,214

〔著者略歴〕

野 村　　創（のむら　はじめ）

弁護士

（略　歴）

平成 5 年　明治大学文学部卒業

平成10年　弁護士登録（第二東京弁護士会）

平成22年　平成22年度司法試験（新司法試験）考査委員（行政法）

平成23年　平成23年度司法試験（新司法試験・司法試験予備試験）
　　　　　考査委員（行政法）

（編　著）

行政許認可手続と紛争解決の実務と書式（民事法研究会・2010年）

（主要著書）

『事例に学ぶ保全・執行入門』（民事法研究会・2013年）、『Q&A 改正
担保・執行法の要点』（新日本法規・2003年）、『事例に学ぶ行政訴訟
入門』（民事法研究会・2011年）、『事例に学ぶ離婚事件入門』（民事法
研究会・2013年）、『事例に学ぶ債務整理入門』（民事法研究会・2014
年）、『事例に学ぶ相続事件入門』（民事法研究会・2015年）、『行政書
士のための行政法』（日本評論社・2015年）、『事例に学ぶ労働事件入
門』（民事法研究会・2016年）、『事例に学ぶ交通事故事件入門』（民事
法研究会・2016年）、『行政書士のための要件事実』（日本評論社・
2016年）、『事例に学ぶ契約関係事件入門』（民事法研究会・2017年）、
『行政書士のための労働法』（日本評論社・2017年）、『事例に学ぶ損害
賠償事件入門』（民事法研究会・2018年）、『リサイクルの法と実例』
（三協法規出版・2019年）、『失敗事例で分かる民事保全・執行のゴー
ルデンルール30』（学陽書房・2020年）

事例に学ぶ行政事件訴訟入門〔第 2 版〕
──紛争解決の思考と実務

令和 3 年 1 月30日　第 1 刷発行

定価　本体2,700円（税別）

著　　　者　野村　創
発　　　行　株式会社　民事法研究会
印　　　刷　株式会社　太平印刷社

発 行 所　株式会社　民事法研究会
　　　　　〒150-0013　東京都渋谷区恵比寿 3-7-16
　　　　　〔営業〕　TEL 03(5798)7257　FAX 03(5798)7258
　　　　　〔編集〕　TEL 03(5798)7277　FAX 03(5798)7278
　　　　　http://www.minjiho.com/　info@minjiho.com

落丁・乱丁はおとりかえします。　ISBN978-4-86556-413-6 C3032 ¥2700E
カバーデザイン　関野美香